습관은 반드시 실천할 때 만들어집니다.

좋은습관연구소가 제안하는 16번째 습관은 '창업가의 습관'입니다. 창업가는 보통의 직장인과 다릅니다. 그런데 이 다름의 차이가 생각보다 큽니다. 직장인 생활을 하다가 창업을 하게 되면 이 차이점을 머리로는 이해하지만, 행동으로 옮기지 못해 어려움을 겪습니다. 이 책은 바로 행동으로 옮길 수 있는 구체적인 방안(습관)을 제시해줍니다. 바로 '사업 시스템 만들기'라는 구체적인 노하우입니다. 창업! 성공하십시오!

창업가의 습관

시작하고 3년, 사업 시스템을 만드는 법

초판 1쇄 발행 2022년 1월 10일
초판 4쇄 발행 2023년 9월 1일

지은이 이상훈
펴낸이 김옥정

만든이 이승현
디자인 디스커버

펴낸곳 좋은습관연구소
주소 경기도 고양시 후곡로 60, 303-1005
출판신고 2019년 8월 21일 제 2019-000141

이메일 buildhabits@naver.com
홈페이지 buildhabits.kr

ISBN 979-11-91636-15-4(13320) (종이책)

좋은습관연구소에서는 누구의 글이든 한 권의 책으로 정리할 수 있게 도움을 드리고 있습니다. 메일로 문의주세요.

창업가의 습관

이상훈 지음

시작하고 3년, 사업 시스템을 만드는 법

좋은습관연구소

서문

1)경제적으로 독립하는 가장 대표적 방법인 창업은
  어떻게 하는 걸까
2)산업화 시대의 왜곡된 비즈니스 모델을 바로잡아
  인간 중심의 비즈니스 모델로 바꾸려면 어떻게 해
  야 하는 걸까

이 책의 중요한 메시지는 바로 위의 두 가지입니다.
  첫 번째 핵심 개념이 취업 패러다임과 창업 패러다임
의 차이이고, 두 번째 핵심 개념이 1.0, 2.0 마케팅(퍼널
모델)과 3.0 마케팅(엔진 모델)의 차이입니다. 이 두 가지

축을 기준으로 이 책 곳곳에 패러다임 시프트를 강조했습니다.

지난 8년간 창업 코칭을 하면서 대부분 창업가들이 겪는 문제의 근본은 패러다임의 변화가 이루어지지 않아서였다는 걸 알게 되었습니다. 수십 년 살아온 취업 패러다임에서 창업 패러다임으로 변화가 잘 안 되어 생기는 문제, 대기업 중심의 2.0 마케팅에서 창업가에게 적합한 3.0 마케팅으로 변화가 안 되어 생기는 문제였습니다.

이 두 가지 패러다임만 바뀐다면 창업가의 체질이 갖추어지고 좀 더 쉽게 독립할 수 있습니다. 그런데 이러한 패러다임 변화는 단순히 배워서 되는 것은 아닙니다. 실행을 반복하는 과정에서 습관(루틴)이 될 때 얻어집니다.

2014년 4월 처음 시작한 마케팅 이론 공개 강의는 매월 전국을 돌며 진행, 현재까지 온오프를 합쳐 260회차를 넘었습니다. 단순한 이론 강의로 시작했다 실전편과 개인 코칭 및 자문 프로그램으로 발전했고, 코치 양성 프로그램으로까지도 발전했습니다. 그리고 150명 이상의 스타트업과 창업자를 장기 코칭하면서 그때그때 정리했던 칼럼이 100여 편에 이르렀습니다. 이 중 창업가에게 꼭 필요한 내용을 골라 수차례에 걸친 수정을 거쳐『창업가의 습관』으로 세상에 내놓게 되었습니다. 그동안 많은 고객들로부터 책은 언제나 낼 거냐는 재촉을 많이 받아왔는데, 이제야 그 숙제를 마친 듯합니다.

강의와 코칭을 하면서 제 책의 첫 번째 독자는 저의 단골 고객이라고 생각했습니다. 그래서 이 책은 저의 코칭을 받았거나 지금 받고 있는 고객들이 책상머리에 두고 수시로 펼쳐보면서 참조하고 리마인드 할 수 있는 책이라 자부합니다.

저 또한 창업가로서 다시 사업을 시작한 지 10년이다 되어가고 있습니다. 이 책의 원고 작업을 하면서 지금 하는 사업의 여러 문제에 대한 힌트를 오히려 제가 얻기도 해 흠칫흠칫 놀라기를 여러 번 했습니다.

이 책을 통해서 많은 분들이 경제적 독립을 얻고, 새로운 패러다임 시대에 사업은 어떻게 펼쳐나가야 할지 알아가는 기회가 되었으면 좋겠습니다. 그래서 모두가 자본으로부터 독립하여 자신이 하고 싶은 일을 하고,

언제나 자신이 옳다고 생각하는 일을 자신 있게 말하고 행동할 수 있는 그런 세상이 되었으면 좋겠습니다. 또한 모든 기업들이 단골 중심으로 마케팅하며 사람을 위한 사람과의 관계를 우선하는 그런 비즈니스를 했으면 좋겠습니다.

이 책의 근간이 되는 패러다임들을 깨우치게 해 주신 제 인생의 스승이신 문화영 선생님께 먼저 감사의 인사를 드립니다. 이 책을 직접 드릴 수는 없지만 하늘에서라도 지켜보시지 않을까 합니다. 또한 '작은마케팅클리닉'의 코칭을 함께 해주신 단골 고객들이 없었다면 이책이 나올 수 없었을 것입니다. 저와 함께 해주신 많은 고객분들에게 감사를 드립니다. 그리고 힘든 시기를 함께 겪어온 아내 은경과 사랑하는 두 딸 안빈, 해전에게도 고마움을 표합니다. 끝으로 거친 제 글을 찬찬히 읽고 일반인의 눈으로 다듬고 편집해주신 좋은습관연구소의 이승현 대표님께도 감사의 인사를 드립니다.

부디 많은 분들이 창업을 통해 독립하는데 이 책이 조금이라도 도움이 될 수 있기를 마음 깊이 기원합니다.

마지막으로 "하나의 작은 움직임이 큰 기적을" 이 책의 출발점인 '작은마케팅클리닉'을 시작하는 데 있어 계기가 되어준 세월호 아이들에게 이 책을 바칩니다.

요약

1. 창업을 선언하는 순간 그동안 알고 있던 비즈니스에 대한 모든 생각은 달라져야 한다.

2. 취업 상태의 직장인과 사업을 시작하는 창업가는 완전히 서로 다른 땅을 딛고 서 있다.

3. 그래서 직장인으로서 경험한 성공 공식은 창업가 세계에서는 패배의 공식이 될 뿐이다.

4. 내가 서 있는 땅, 바뀐 판에 대한 이해가 부족하다면 창업가는 결코 성공할 수가 없다.

5. 이 시행착오를 얼마나 빨리하고, 자신의 과오를 얼마나 흔쾌히 인정하느냐에 따라 사업의 결과는 달라

진다.

6. 바뀐 판에 대한 이해를 바탕으로 창업가가 맨 먼저 해야 할 일은 시스템을 만드는 것이다.

7. 직장인으로 있을 때는 자신의 시간을 팔아서 시스템의 한 영역을 맡아 성실히 수행했다.

8. 하지만 사업가는 전체 시스템을 만들고 이걸 24시간 관리하는 역할을 해야 한다.

9. 당연히 사업 초기에는 이 전부를 혼자서 해야 한다. 그래서 사업가는 늘 바쁘다. 이때는 일과 삶의 분리가 아니라 일과 삶이 하나가 된다.

10. 시스템이 어느 정도 정착되고 나면, 그때부터는 좀 더 전문 능력을 갖춘 직원들에게 시스템의 한 부분을 빌려주어야 한다.

11. 그래야 시스템 전체의 퍼포먼스가 향상될 수 있다.

12. 사업가는 이제 시스템의 맨 꼭대기 위에서 사업과 직원을 관리하는 일을 한다.

13. 이것이 사업을 하는 시스템이다. 맨 먼저 바뀐 판에 대한 이해가 있어야 하고, 24시간 반복적으로 돌아갈 수 있는 시스템을 구축하는 것이다.

14. 이 같은 얘기를 쉽게 풀어줄 저자는 작은마케팅 클리닉의 이상훈 대표다.

15. 이상훈 대표는 사업을 시작하고 무엇에 집중해야 하는지 반대로 무엇에 괘념치 말아야 하는지, 사업 시작하고 3년 동안 해야 할 일이 무엇인지 하나씩 설명한다.

16. 이상훈 대표는 10년 가까운 시간 동안 바뀐 판에 대한 이해 그리고 사업 시스템을 만드는 방법을 창업자들에게 컨설팅했다.

17. 컨설팅을 시작한 기간까지 포함해 그의 전체 비즈니스 경력은 30년이다.

18. 현재 창업가이거나 창업을 준비하는 직장인들, 이 책을 통해 성공하는 사업을 준비해보자.

작가 소개

저는 심리학을 전공했습니다. 하지만 첫 직장은 전공과 상관없는 광고 대행사에서 시작했습니다. 당시 처음 만난 고객이 IBM이란 회사입니다. 그 후로 마이크로소프트, 인텔, HP, 시스코 등 우리가 익히 알고 있는 글로벌 IT기업들과 일했습니다. 90년대 IT 붐이 한참 일어날 때라 B2B 사업이 중심인 기업들도 일반인들을 대상으로 하는 광고나 마케팅 활동도 적극적으로 펼치던 때였습니다. 이들과 함께 일하면서 글로벌 기업들이 어떻게 마케팅을 하고 회사를 키워나가는지 현장에서 보고 배웠습니다.

약 20년 정도 글로벌 기업들의 마케팅은 충분히 경험했다 생각하고 몇 번의 다른 회사를 거친 끝에 작은 마케팅 회사를 창업했습니다. 작은 회사를 경영하다 보니 마케팅이란 걸 하긴 해야 하는데, 돈이 없으니 어디 맡길 수도 없고 직접 해야 했습니다. 하는 일이 마케팅이었으니 까짓것 내가 하면 되겠지 하고 생각했습니다. 그런데 직접 해보니 그동안 제가 알고 있던 마케팅과 작은 회사가 해야 하는 마케팅은 완전히 다른 것이었습니다. 한마디로 말해 몇 억짜리 프로젝트를 수주하는 법은 알겠는데, 돈 20만 원은 어떻게 만들어야 하는지는 몰랐습니다.

그 후 작은 회사와 창업가들이 해야 하는 마케팅 구조와 방법론 등을 계속 연구 했습니다. 한 8년 전부터는 강의나 코칭 등을 통해서 외부에 해당 내용을 공유하기 시작했습니다. 그 과정에서 '작은마케팅클리닉'이란 이름으로 이론 강의, 실전 강의, 자문 프로그램, 코치 양성 프로그램, 작은 회사들이 사용해야 하는 CRM 시스템, 마케팅 프레임웍인 마케팅 모델 캔버스, 작마클 뉴스레터 등의 다양한 마케팅 관련 콘텐츠와 서비스들을 내놓기 시작했습니다. 지금도 매월 전국을 돌며 무료 순회강의를 진행하고 있으며 현재까지 260회차를 넘기고 있습니다. 그리고 그동안 정리된 내용을 바탕으로 『창업가의 습관』이라는 책을 펴내게 되었습니다.

목차

1부 사업 마인드를 만드는 습관

① 창업이란

② 관점 바꾸기

③ **훈련하기**

2부 사업 시스템을 만드는 습관

④ 시스템이란

⑤ 시스템 만들기

⑥ 조직 만들기

1부
사업 마인드를
만드는 습관

①

창업이란

1

창업은 탐험이다.
목표를 정하고 계속 도전한다.
길이 뚫릴 때까지!

창업과 경영은 아래와 같이 구분해서 설명할 수 있습니다.

"경영이 운전이라면, 창업은 차를 만드는 일이다."

창업은 차를 만드는데 공장에서 대량으로 만드는 것이 아니라 수작업을 통해 딱 한 대를 만드는 것과 같습니다. 그리고 그 차는 원래 만들던 차가 아닌 새로운 차입니다.

이미 만들어 왔던 차를 만드는 것은 쉽습니다. 기존에 있던 차를 분해해 보고 그대로 따라 만들면 되니까요. 하지만 대부분의 창업은 새로운 차를 개발하는 경우에 해당합니다. 그래서 그 과정이 마치 미지의 세계를 탐험하는 것과 같습니다.

남극이나 북극 같은 극지 탐험, 에베레스트 같은 고산 탐험은 목표를 정하고 계속 도전하는 것입니다. 내가 도전하다 쓰러지면 다음 사람이 도전하고, 또 안되면 그다음 사람이 도전하고, 이렇게 반복하다 보면 언젠가는 목표 지점에 도달합니다. 새로운 지역의 탐험이 이렇게 이루어졌고 과학 발전도 이렇게 진행되었습니다.

그런데 탐험을 전문적으로 하는 분을 살펴보면 끈기와 열정도 중요하지만 기본적으로 체계성을 가지고 단계적인 접근을 합니다. 에베레스트 같은 고산 등정 과정을 보면 일단 베이스캠프부터 만듭니다. 그리고 1차, 2차, 3차 여러 차례 공략을 반복해서 캠프1을 만들고, 다시 캠프1을 기반으로 캠프2 공략을 반복합니다.

창업 과정도 여러 방법이 있겠지만 이렇게 단계적인 접근법을 취하는 것이 좋습니다.

처음 설계 단계에서는 각자의 비즈니스 모델에 따른 최종 목표를 설정하고 대략 어떤 루트를 거쳐 목표 지점을 공략할 것인지 스케치합니다. 실제 행동에 들어가는 시운전 단계에서는 길을 발견하는 것이 우선이므로 효율성은 따지지 않고 일단 돌진합니다. 그런 다음, 다음 단계로 가는 길이 뚫릴 때까지 반복해서 도전합니다. 그렇게 루트를 개척한 후 다음 단계로 전환합니다. 고산 등정과 똑같습니다. 그렇게 하나씩 통과하여 최종 목적지에 도달합니다. 도착해서는 지금까지 돌파한 루트를 다시 점검합니다.

보통의 탐험 과정은 이 단계에서 끝이 납니다. 하지만 창업 과정은 확보한 루트를 본격적으로 활용하는 운영 단계로 접어듭니다.

운영 단계부터는 경영 과정이라고 볼 수 있습니다. 이 시기에는 각각의 루트를 하나씩 하나씩 손보면서 정리해나갑니다. 거친 길도 다듬고, 좁은 부분은 넓히고, 더 효율적으로 이동할 수 있는 다른 루트도 찾아봅니다.

그런데 체계성이 없는 분들은 탐험이 완료되지 않았는데도 불구하고 베이스캠프에서 캠프1까지 아예 아스팔트를 깔고 다음 캠프로 가려는 분이 있습니다. 또 목표 없이 이곳저곳으로 베이스캠프만 잔뜩 만드는 분도 있습니다. 이렇게 하면 목표 달성은 요원한 일이 됩니다. 이런 일이 일어나는 이유는 탐험 지도와 전략, 로드맵이 없기 때문입니다.

비즈니스 모델 캔버스, 린 캔버스, 마케팅 모델 캔버스와 같은 사업 계획 프레임웍은 대략적인 등정 루트를 어떤 단계로 만들어야 하는지 보여주는 일종의 탐험 지도입니다. (사업 계획 프레임웍은 이 책의 부록을 참고하세요.)

창업 과정에서는 탐험 지도를 놓고 등정 루트를 일단 설계하는 것이 필요합니다. 물론, 처음 잡은 루트는 현장 상황에 따라 바뀌기 마련입니다. 그때그때 바뀌는 상황에 따라 공략 루트를 수정하고 재공략하는 과정을 반복하는 것이 새로운 길, 새로운 시스템을 만들어가는 과정입니다.

어차피 바뀔 것으로 생각하고 탐험 지도를 등한시하면 결국은 헤매게 됩니다. 늘 지도와 현장을 오가며 둘 중 어느 하나라도 소홀히 하지 않는 것, 이것이 정말 중요합니다.

2
창업 계획은
냅킨 한 장이면 충분하다.

예전에 한 창업 스쿨에서 코칭을 진행한 적이 있습니다.

총 다섯 개 팀의 코치를 맡았는데, 그 중 두 개 팀이 2주 전에 정리했던 내용과 마케팅 모델이 바뀌었다고 하더군요. 한 팀은 그때의 상품을 버리고 장황한 기획안을 다시 만들어 왔고, 또 다른 한 팀은 소비자 조사를 해 봤더니 가능성이 없는 것 같아 그 사업은 포기하고 다른 아이템을 다시 찾는 중이라고 했습니다.

창업가들은 이런저런 창업 지원 프로그램에서 자신의 사업 계획을 발표하는 일이 종종 있습니다. 그래서 사업 계획서 작성에 신경을 많이 씁니다. 그런데 이때 창업가가 사업 계획서 작성에만 몰두한 나머지 개념적으로는 그럴듯한데 현실과는 한참 동떨어진 계획서를 낼 때가 있습니다. 그리고 그로 인해 실제 사업 방향마저 흐트러지는 경우가 있습니다.

비즈니스란 고객과의 거래이고, 상품이나 서비스를 주고받는 장사입니다. 장사는 책상머리에서 기획하는 게 아니라 일단 팔아보면서 가는 겁니다.

영어 회화를 잘하려면 공부를 열심히 하는 것보다는 일단 말을 많이 해봐야 합니다. 걸음마를 배우려면 일어서서 한 발짝 떼어봐야 하는 거고요. 그러다 넘어지면 또다시 일어나는 거고요. 자전거도 스케이트도 처음 배울 땐 일단 타봐야 합니다.

사업도 마찬가지입니다. 하고 싶은 사업의 스케치가 끝나면 일단 팔아보는 게 우선입니다. 팔아보지도 않고 고민하다 아이템 바꾸고 조사하다가 또 아이템 바꾸고 하는 게 아니라, 일단 팔아보고 안 팔리면 그때 바꾸는 겁니다.

첫 아이템을 포기했던 팀과 마케팅 모델을 두 장으

로 다시 정리한 후 고객 유입을 위한 '신청자 모집 공지'부터 시작하자고 했더니, "이걸로 바로 시작해도 되나요?" "좀 더 정리해야 하는 것 아닌가요?" "조사도 좀 하고 해야 하는 것 아닌가요?" 이렇게 반문하며 불안해합니다.

다시 한번 말씀드립니다만, 창업은 일단 스케치만 끝나면 바로 실행하는 겁니다. 아마존의 창업가인 제프 베조스가 냅킨 위에 스케치한 그림을 보신 적 있죠?

냅킨 위에 그림을 그린 순간 사업 준비는 이미 끝난 겁니다. 바로 시작하면 됩니다. 그러다 투자 유치나 지원 사업 등과 같이 사업 계획을 발표할 일이 생기면, 그때그때 상황에 맞게 필요한 만큼의 발표 자료를 만들면 됩니다.

팔기 시작해야, 다음 길이 보입니다. 가다가 막히면 스케치만 고치면 됩니다. 사업 계획은 냅킨 한 장이면 충분합니다. 장황한 사업 계획은 내 눈을 흐리게 합니다. 그리고 헤매게 합니다.

장황한 사업 계획서를 다시 만들어 왔던 첫 번째 팀은 결국 처음 그렸던 차트로 다시 돌아갔습니다. 단순히 물건만 파는 게 사업은 아닌 것 같아 좀 거창하게 그림을 그렸다는데, 오히려 많이 헷갈렸다고 합니다.

"그냥 팔면 되는 거네요?"

"네, 그냥 팔면 되는 겁니다."

"이렇게 단순하게 해도 되나요?"

"네, 단순해야 시작할 수 있습니다."

본질에 집중하면 덜 헤맬 수 있습니다. 사업의 본질은 이 네 가지만 제대로 돌아가면 됩니다.

1)누가: 회사

2)누구에게: 고객

3)뭘 주고: 상품, 서비스

4)뭘 받을 것인지: 돈, 행동, 미션

더 이상은 군더더기일 뿐입니다.

3

창업은 체질을
바꾸는 과정이다.

창업 초기 창업가들이 겪는 여러 가지 어려움이 있지만, 그중 대부분은 체질이 바뀌지 않아서 생기는 어려움입니다.

창업 세계에서의 생각과 행동은 취업 세계의 생각과 행동이랑 많이 다릅니다. 세계관도 다르고 문화도 다릅니다. 마치 미국으로 이민 간 한국 사람이 처음 맞이하는 문화 충격 같은 것입니다. 따라서 새로운 문화에 적응하려면 시간이 많이 걸립니다.

미국 생활을 제대로 하려면 미국 문화에 확실하게 젖어 들어야 하는데, 그게 싫어서 그냥 코리안 타운에만 틀어박혀 있으면 미국 주류 사회로의 편입은 불가능한 일이 됩니다.

마찬가지로 창업 세계에서도 보다 적극적으로 자신의 생각과 행동을 바꾸려는 노력을 해야 합니다.

취업의 세계(우리는 흔히 '직장 생활'이라고 표현합니다)는 기본적으로 일 중심으로 돌아갑니다. 열심히 해야 하고 똑 부러지게 잘해야 합니다. 그리고 얼마나 많이 했는지도 중요합니다. 그래서 이쪽에서는 스마트한 사람이 대우를 받습니다. 말귀도 잘 알아듣고 시킨 일도 척척 잘하니까요. 이들은 일머리도 있어야 하고, 계획도 제대로 세워야 하고, 실행에 있어서도 실수가 없어야 합니다.

하지만 창업의 세계는 다릅니다. 이 세계에서는 스마트함이 덕목이 아닙니다. 가장 중요한 것은 끈기와 꾸준함입니다. 그리고 계획보다는 실행이 더 중요합니다. 얼마나 반복적으로 삽질을 하는지, 될 때까지 계속하는지, 포기하지는 않는지 이런 것이 더 중요합니다. 그래서 포기하기 전까지는 실패한 것이 아니라고 합니다.

창업의 세계는 그렇게 돌아갑니다. 실패가 아니라 길이 막혔다는 걸 발견하는 과정이고 다른 길로 가야 한다는 신호를 받은 것일 뿐입니다.

창업의 세계에서는 아이템이 그다지 중요하지 않습니다. 아이템을 발견하는 과정이 중요합니다. 창업 과정에서 계속 실패만 해서 몇 년 동안 이뤄낸 것이 없다 해도 헛수고를 한 것이 아닙니다.

얻은 것은 창업하는 체질입니다. 창업 세계의 생각과 행동 방식을 익히고 얻은 것입니다. 그걸 익히게 된다면 지금 사업이 실패하거나 지금 사업 결과가 좋지 않더라도 언제든 다시 시작할 수 있습니다. 창업의 체질을 갖추었기 때문입니다.

창업 초기에 오너가 훈련해야 하는 것이 바로 이 같은 행동 방식입니다. 시행착오의 반복, 시스템을 만들어가는 과정의 경험, 포기하지 않고 끝까지 하는 습관, 계획이 아니라 바로 행동하는 습관. 이런 것들을 몸에 익히는 과정, 내 몸에 자연스러워지는 과정이 중요합니다.

내가 하기로 한 것을 못 했다고 자책하거나 실망할

필요는 없습니다. 아이가 넘어졌다 일어서는 과정을 끊임없이 반복하듯 창업가가 해야 할 일은 그렇게 넘어 졌다 일어서는 과정을 반복하는 것입니다.

걸음마를 포기하지 않고 계속 시도하다 보면, 어느 날 나도 모르게 걷고 있는 자신을 발견하게 됩니다. 그 날이 올 때까지 포기만 안 하면 됩니다.

4

창업에 고통은 필수다.
고통에 익숙해지는 과정이 창업이고,
익숙해져 자동으로 돌면 시스템이 된다.

창업을 하는 이유는 보통 돈을 많이 벌기 위해서 그리고 하고 싶은 걸 할 수 있는 시간 즉, 자유를 얻기 위해서. 이렇게 두 가지 이유를 가장 크게 듭니다. 그리고 또 다른 것을 찾자면 자신의 성장과 진화, 발전 같은 것도 들 수 있습니다. 어쩌면 이게 더 본질적인 목적일 수도 있겠네요.

생업에 쫓기는 것이 아니라 생존에 얽매이지 않고 내가 하고 싶은 것을 하면서 살겠다는 욕망. 이것은 지금보다 더 나은 삶을 살겠다는 뜻이고 나아가 더 나은 사람이 되고 싶다는 소망입니다. 이 말에는 변화하고 싶다, 아니 더 업그레이드하고 싶다는 생각이 깔려있습니다.

그래서 창업은 남 또는 외부 환경에 휘둘리는 노비의 삶에서 내가 결정하고 나 스스로 살아가는 주인의 삶으로 바뀌는 과정입니다. 또 그렇게 바뀌어야 창업에 성공합니다. 그렇기 때문에 창업 과정은 직장 생활 때보다 몇 배나 힘이 드는 일입니다.

사람이 변화하고 진화하는 데에는 세 가지 동인이 있다고 합니다. 그것은 고통, 만남, 권태입니다. 이 세 가지 동인은 바로 창업을 성공시키는 동인이 되기도 합니다. 하나씩 살펴보겠습니다.

사람은 '고통'을 느껴야 변합니다. 사업을 하다 보면 다양한 형태의 고통을 겪게 됩니다. 돈의 압박으로부터 오는 고통, 사람 때문에 생기는 마음의 고통, 여러 가지 사건 사고로부터 오는 고통. 하지만 이 많은 고통들이 사실은 나와 내 사업을 한 단계 업그레이드시켜주는 동력이 됩니다. 그래서 창업이 성공하는 데 있어 가장 중요한 동인으로 고통을 꼽습니다.

두 번째 '만남'을 살펴보겠습니다. 사업이란 사람과

의 만남을 전제로 합니다. 사업을 시작하게 되면 고객과의 만남, 직원과의 만남, 파트너 협력 업체와의 만남, 투자자와의 만남 등 수많은 만남을 하게 됩니다. 우리는 만남 속에서 문제를 만나기도 하고, 해결책을 얻기도 하고, 갈등을 겪기도 합니다. 마찬가지로 이런 과정에서 나와 내 사업이 함께 업그레이드됩니다.

세 번째는 '권태'입니다. 창업이 어느 정도 성공을 이룬 다음의 일이라고 할 수 있습니다. 먹고사는 문제도 어느 정도 해결됐고 독립도 했습니다. 이제는 외부 환경에 휘둘리지도 않는 상황이 되었습니다. 그러면 이때부터 한창 성장할 때의 힘과 에너지는 사라지고 현상 유지만 하려고 듭니다. 그런데 이렇게 되면 바로 위험에 노출되어 언제 다시 위기를 겪을지 모릅니다. 그래서 이럴 때는 의도적으로 일을 벌리고 새로운 도전을 해야 합니다.

뛰어난 사업가들은 의도하지 않더라도 사업의 권태로움이 발생하면 스스로 지루함을 견디지 못하고 다시 일을 벌립니다. 이미 충분히 성공해 먹고 사는 어려움이 없는데도 새로운 목표를 만들고 다시 고통과의 만남으로 스스로 걸어 들어갑니다.

창업에 크게 성공한 후, 다시 스타트업 투자에 나서거나, 꼭 사업이 아니더라도 탐험이나 새로운 도전을 하는 이유가 바로 이 때문입니다.

이처럼 창업가들은 변화와 진화의 중요한 동인 세 가지 모두를 사업을 하면서 경험할 수 있습니다. 따라서 창업은 자신을 업그레이드할 수 있는 매우 강력한 방법이 되기도 합니다.

창업 과정을 연구하면서 처음 저의 목표는 '캐즘' 즉 죽음의 계곡을 어떻게 하면 최대한 단축시키고 없앨 수 있을까 였습니다. 하지만 어느 순간부터 그 어려움이 창업가의 그릇을 만드는 과정이란 걸 알게 되고서부터는 없애는 것보다 그 과정을 즐기는 것이 중요하다는 생각을 했습니다.

내가 겪는 일이 하고 싶은 목표를 이루기 위해 반드시 겪어야 하는 과정이라는 걸 알게 되면 그 과정을 즐길 수 있게 됩니다. 사실 과정을 즐기는 게 아니라 그 삶을 즐기는 것입니다. 그래서 이제는 창업의 삶이 일상이 되도록 하는 게 중요합니다.

그렇게 되면 고통으로 느끼던 과정이 일상이 되면서 더 이상 고통으로 다가오지 않고 사라집니다. 돈으로 인한 고통, 직원으로 인한 고통, 고객으로 인한 고통, 사건사고로 인한 고통. 이런 고통들을 습관화하는 과정이 바로 창업의 과정입니다.

운동할 때처럼 근육이 새로 생길 때는 고통을 느끼지만 근육이 다 생기고 나면 같은 동작을 하더라도 고통을 느끼지 못하듯이 하던 일이 사라지는 것이 아니라 그 일에서 느끼는 고통이 사라지는 것입니다.

다시 한번 강조하면 이렇습니다.

창업에 성공하면 지금 어렵게 느끼는 이 모든 일들이 사라지는 것이 아니라 그 일들이 일상으로 변해버려 아무 일도 아닌 게 됩니다.

이렇게 되는 과정이 바로 시스템이 되는 과정입니다. 창업에서 시스템을 강조하는 이유도 바로 이 때문입니다. 매번 신경을 쓰면 고통이 되겠지만 시스템이 되어 자동으로 하게 되면 일상이 되고 더이상 고통이 아니게 됩니다.

지금의 어려움을 창업 성공의 필수 과정, 내 역량을

업그레이드하는 과정이라고 생각해 보세요. 그래서 내 몸을 시스템화하고 내 회사를 시스템화하세요.

5
창업의 세 가지 방법:
주경야독, 선경후독, 원조후독

주경야독(晝耕夜讀)이란 말이 있습니다. '낮에는 농사 짓고, 밤에는 글을 읽는다.' 예전에는 공부 열심히 하라는 얘기구나 하는 정도로 흘려들었습니다. 그런데 요즘 다시 생각해보니 이게 창업 방법론이더군요.

농사를 짓는 건 생업이고, 글을 읽는 건 오너가 되기 위한 투자입니다. 글을 읽어 과거에 급제하면 주인이 될 수 있으니, 예전엔 과거급제가 일종의 수익 시스템 만들기였습니다.

그런데 중요한 것은 생업과 창업을 병행해야 한다는 것입니다. 그 이유는 창업, 즉 시스템을 만드는 데에는 일정 시간이 필요한데 그 시간 동안에는 시스템에서 수익이 나오지 않기 때문입니다.

비유하자면, 저수지가 있습니다. 그런데 저수지의 물을 내가 편히 사용하려면 저수지에서 우리 집까지 연결하는 수로가 있어야 합니다. 수로가 있기 전까지는 매번 물지게를 져야 합니다. 낮에는 물지게를 지고 물을 나르고, 밤에는 수로 공사를 하는 것, 이게 바로 주경야독이고 창업의 정석입니다.

시간에서 자유롭기 위해 창업을 했지만 창업이 완성되기 전까지는 시간의 자유가 더 없습니다. 성공하면 주독야침(晝讀夜寢, 낮에는 글을 읽고 밤에는 잠을 자는)을 할 수 있겠지만 그전까지는 고생을 해야 합니다.

아시다시피, 이 기간이 바로 투자 기간입니다. 사람이 본래 가지고 태어나는 것은 시간밖에 없기 때문에 기본적으로는 시간을 투자할 수밖에 없습니다. 우리가 흔히 말하는 무자본 창업입니다.

주경야독에 대한 변형으로 열심히 일하고 저축해서 창업 자금인 시드 머니를 모은 다음, 그 자금을 기반으로 창업에 전념하는 방법이 있습니다. 이 시드 머니는 자본금입니다. 즉, 내가 번 돈으로 창업을 하는 것입니다.

저는 이를 선경후독(先耕後讀)이라 부릅니다. 미리 경작해서 먹을거리를 잔뜩 만들어 놓은 다음 글 읽기에 집중하는 방법입니다.

이 방법의 문제점은 모아 놓은 돈이 다 떨어질 때까지 시스템이 완성되지 않으면, 다시 재취업을 하거나 주경야독으로 다시 돌아가야 한다는 것입니다. 이때 다들 진이 빠집니다.

그다음 방법은 내 호주머니를 털어서 창업 자금을 마련하는 것이 아니라 십시일반 돈을 모아서 창업을 하는 방법입니다. 다시 말하면, 투자자들에게 돈을 받거나 각종 지원금을 받아서 창업을 하는 방법입니다. 주변 친지들의 도움을 받아 공부를 하고, 나중에 과거급제해서 신세를 갚는 모델입니다. 굳이 조어를 해보자면 원조후독(援助後讀)이라고 할 수 있습니다.

이 방법 또한 투자받은 돈이나 지원받은 돈이 떨어지기 전까지 시스템 완성이 안 되면, 다시 돈을 구하러 다녀야 하거나 주경야독으로 다시 돌아가야 합니다. 또

한 남의 돈으로 창업한 것이므로 성공한 후에는 신세를 갚아야 합니다.

정리하면 이렇습니다. 창업에는 다음의 세 가지 방법이 있습니다.

1)자기 시간 투자해서 창업하기: 주경야독(晝耕夜讀)

2)내 돈 모아서 창업하기: 선경후독(先耕後讀)

3)남의 돈 구해서 창업하기: 원조후독(援助後讀)

창업 시 고려해야 할 가장 중요한 포인트 중 하나가 생존입니다. 그리고 생존을 위한 비용을 어떻게 조달하는가? 이게 핵심입니다.

나는 어떤 방법을 사용하고 있는지 또는 어떤 방법을 사용할 수 있는지, 창업 중이거나 창업을 생각한다면 한번 고민해 보시기 바랍니다.

6

사업의 시작은 하나씩 파는 것, 상품 하나를 파는데 처음부터 많이 알릴 필요는 없다.

작은마케팅클리닉(제가 적을 두고 있는 곳입니다)을 시작한 이후 매월 공개 강의를 진행하고 있는데, 강의 후 받은 질문 중에 이런 글이 하나 있었습니다. 그 내용을 옮겨보면 이렇습니다.

"여전히 이해되지 않는 것이 있습니다. 일단은 첫 방문을 해야 재구매든 입소문이든 일어날 텐데, 그 최초 시작을 어떻게 해야 하는지 알고 싶습니다."

그분은 아마 제 강의 중 '상품으로 소통하라' 챕터에서 소개했던 병에 붙은 재구매 신청 스티커나 맥북 상판에 붙은 애플 로고 같은 것이 제품을 재구매하거나 확산시키는 데 도움이 된다는 얘기를 듣고 한 질문 같았습니다.

이미 시작된 사업의 재구매나 확산은 광고가 아니라 상품을 통해 할 수 있다 하더라도, 첫 판매를 하려면 어찌 됐든 광고하고 돈을 써야 되는 것 아닌가? 그분이 궁금한 것은 이런 것이었겠죠.

사실, 이 부분은 상품에 포함된 어떤 장치로 해결되는 것이 아니라 전략과 패러다임, 생각의 전환으로 해결해야 합니다.

다들 사업 '시작'을 어려워합니다. 그리고 고객을 '처음' 오게 하는 걸 어려워합니다. 시작이 어려운 이유는 전통적 마케팅의 패러다임인 대량 판매, 매스 마케팅에 갇혀 있기 때문입니다. 처음부터 상품을 '많은' 사람에게 알려야 하고, 상품을 '많이' 팔아야 한다고 생각합니다.

저는 '비즈니스는 대화다' '마케팅은 대화다'라는 말에 그 답이 있다고 생각합니다. 즉, 여러 사람에게 확성기를 대고 떠드는 것이 아니라 일대일로 만나 대화를 주고받고, 그런 과정에서 시작된다고 생각합니다.

대화는 한 사람씩 만나서 하는 게 가장 좋고, 판매도 한 사람씩 만나서 하는 게 가장 좋습니다. 이처럼 사업의 시작은 하나씩 파는 것입니다.

'천리길도 한 걸음부터'란 속담이 창업에도 유용합니다. 한 사람씩 만나서 우리 상품을 경험하게끔 하고, 경험한 사람이 마음에 들면 우리 상품을 사는 것입니다. 한 사람씩 만나는데 멀리 갈 이유는 없습니다. '타겟 시장'을 찾을 필요도 없습니다.

이처럼 작은 회사들이 사용해야 할 마케팅 전략이 바로 한 사람씩 우리 팬을 만드는 '팬덤 마케팅'입니다.

팬클럽 만들기의 출발점은 바로 한 명에서부터 시작하는 것입니다. 한 명부터 시작한다고 생각하면 암담할 일도 없고, 어려워할 일도 없습니다. 일단 주변에서 살만한 사람을 찾아 말을 걸고 경험을 하도록 유도하면 됩니다. 그러니 이 한마디면 충분합니다.

"일단 먹어봐."

사업은 거창한 게 아닙니다. 당장 한 사람을 찾아 말을 걸고 대화를 시작하는 것에서부터 출발합니다.

7

부자처럼 살면 부자가 되는 게 아니라,
돈을 벌어야 부자가 된다.
브랜드를 만들어야 잘 팔리는 게 아니라,
많이 팔면 브랜드가 된다.

이제 막 창업을 시작한 분들을 대상으로 강의를 하다 보면 아래와 같은 질문을 제일 많이 합니다.

"어떻게 하면 내 제품을 알릴 수 있을까요?"

그러고는 보통 아래와 같은 대화가 오고 갑니다.

"왜 알리려고 하죠?"

"매출을 올리려고요."

"알리면 매출이 올라오나요?"

"알려야 매출이 생기죠."

"매출이 생기려면 뭘 해야 하죠?"

"상품을 팔아야죠."

"그럼 상품을 팔면 되지 왜 알리려고 하죠?"

"인지도가 있어야 팔리지 않나요?"

"그냥 먼저 팔면 안 되나요? 왜 인지도를 만들고 나서 팔려고 하죠? 그냥 만나는 사람에게 팔면 안 되나요?"

"…"

선입관이란 것이 참 무섭습니다. 창업 과정에 들어가서 사업 계획서 작성하고, 시장 진입 전략을 세우고, 마케팅 전략을 짜고, 이런저런 기획을 하다 보면 나도 모르게 사업의 본질을 놓치게 됩니다.

사업이란 상품을 주고 돈을 받는 행위를 연속적으로 하는 것입니다. 상품을 주고 돈을 받는 행위는 판매입니다. 그러니 사업이란 '파는 일'입니다. 따라서 사업을 시작한다는 것은 '팔기'를 시작하는 것과 같습니다.

사업과 관련된 모든 일은 파는 일을 잘하기 위한 것입니다. 그런데 우리는 매번 공부하는 습관이 있다 보니 사업도 공부하듯 시작합니다. 너무 많은 것을 미리 생각하고 여러 가지 계획도 세웁니다. 하지만 정작 해야 할 일인 '판매'는 계속해서 늦추고 있습니다.

영어 공부를 10년씩 했는데, 대화 한마디 못하는 것도 이와 똑같습니다. 외국어를 익히는 이유가 대화를 하고 의사소통을 하기 위해서인데, 시험 성적을 위해 '공부'를 하다 보니 본질을 놓쳐버린 것입니다.

말을 잘하려면 말을 많이 해보면 됩니다. 사업을 잘하려면 많이 팔아보면 됩니다. 브랜드를 만들고 인지도가 높아져야 사업이 잘되는 것이 아닙니다. 그냥 상품을 팔고 고객이 상품을 경험하게끔 하면 됩니다. 인지도와 브랜드는 그걸 반복하게 되면 자연스럽게 나타나는 결과입니다.

부자가 되려면 부자의 행동을 공부하는 것보다 그냥 돈을 많이 벌면 됩니다. 일찍 일어나고, 책을 많이 읽고, 운동을 열심히 하고, 인맥을 쌓고, 자존감을 높이고 이런 걸 따라 한다고 부자가 되는 게 아닙니다. 부자의 본질은 '돈'이니 '돈'을 많이 벌면 됩니다. 돈 버는 행동을 따라 해야 합니다.

결과와 과정을 혼동하면 안 됩니다. 사업이 잘돼 나타나는 결과를 마치 그 결과를 만들면 사업이 잘되는 것처럼 거꾸로 생각하면 안 됩니다.

물론 일찍 일어나고, 운동 열심히 하고, 책 많이 읽는 것도 중요합니다. 도움이 전혀 안 된다는 것은 아닙니다. 하지만 보다 직접적인 방법을 찾아 그것을 바로 할 때, 원하는 결과를 얻을 수 있습니다.

밥을 먹어야 배가 부릅니다. 본질이 뭔지 찾고 그걸 실행해야 합니다.

꾸준하게 말입니다.

8

이기는 싸움을 하고
이익 나는 사업을 하자.
창업, 수익 구조는 알고 시작하라.

원가 구조에 대한 얘기도 코칭을 하다 보면 자주 나옵니다.

창업가들이 의외로 창업 아이디어만 생각하지, 원가 구조에 대해서는 제대로 생각하지 않는 경우가 많습니다. 그래서 이번에는 원가 구조와 관련해서 수익 모델을 얘기를 해보고자 합니다.

수익 모델은 크게 두 부분으로 나누어 집니다. 수입과 지출. 다른 말로는 매출과 비용입니다.

수입과 지출은 전체 자금의 흐름이란 측면에서 좀 큰 개념이고, 매출과 비용은 그중에서 영업 활동과 관련

된 거래상의 자금 흐름이라 할 수 있습니다.

수입에는 매출 이외에도 영업 활동 외 수입인 투자나 대출, 지원금 등의 수입도 포함됩니다. 지출도 매출 원가와 판매 관리비 등의 영업 관련 비용과 영업 활동 외 지출인 투자금 회수, 대출금 상환, 이자, 소득세, 법인세 등이 있습니다.

사업 초기엔 매출이 많지 않으므로 영업 외 수입인 투자, 대출, 지원금 등에 주로 의존하겠지만, 점차 매출 중심으로 사업을 운영해야 합니다.

매출을 통해 수입을 제대로 거두기 위해서는 가격을 구성하는 비용 구조가 중요합니다. 비용 항목은 일반적으로 아래 세 가지로 나눌 수 있습니다.

1) 제조 원가(매출 원가)

2) 일반 관리비(본사 판매관리비)

3) 유통 비용(총판+대리점)

각각의 비용은 전통적인 제조업의 경우 대략 아래와 같습니다. (이 비율은 대략적인 샘플입니다. 구성과 비율은 회사나 업종에 따라 천차만별입니다. 참고만 하세요.)

1) 제조 원가: 20~30%

2) 일반 관리비: 20~30%

3) 유통 비용: 50%(총판 20% + 대리점 30%)

요즘은 전통적인 유통 채널이 붕괴되고 온라인에서의 직접 판매가 활성화됨에 따라 유통 비용이 사라지고 온라인 판매 가격이 종전보다 많이 낮아졌습니다. 하지만 이때 온라인 판매자들이 자주 놓치는 포인트가 있는데, 바로 배송비입니다.

온라인 판매로 추세가 바뀌면서 배송비가 포함되어도 오프라인에서 팔던 때에 비하면 소비자가 구매하는 가격은 많이 내려갔습니다. 통상 고객이 가격이 높다고 느끼는 상황은 같은 종류의 상품을 오프라인 매장에서 만날 때입니다. 그때는 오프라인 업체도 온라인에 대응해 가격을 따라서 낮춘 상태인데, 온라인에는 배송비가 추가되고 오프라인은 배송비가 없기 때문에 고객이 느끼는 전체 가격은 온라인이 더 비싸다고 느낄 수 있습니다. 이렇게 되면 온라인 판매업자는 가격 경쟁력을 갖추고자 판매가를 더 낮추게 되고 결과적으로 마진은 점점 더 줄어들게 됩니다.

이런 것들이 바로 가격 구조를 제대로 파악하지 못할 때 생기는 실수입니다. 너무 당연한 것 같지만 의외로 놓치는 분들이 많습니다. 실컷 주문받고 물건 다 보냈는데, 결과적으로는 남는 게 하나도 없는 것이 됩니다.

제조 원가, 일반 관리비, 유통 비용이란 전통적인 원가 구조에서 제조업 본사의 수익은 일반 관리비 부분에 포함된다고 보면 됩니다. 유통업체라면 유통비용 부분의 각 파트별 비율(총판 20%, 대리점 30%) 안에서 이익을 챙겨갈 것입니다. 이처럼 제조업자든 유통업자든 각 사업자의 역할에 따라 판매가 대비 이익율을 산정할 수 있어야 합니다.

판매가 대비 이익률이 산정되면 월별 예상 매출액을 놓고 월별로 예상되는 이익도 계산할 수 있습니다. 그리고 예상 매출액은 마케팅 모델의 단계별 전환율 지표를 기반으로 좀 더 정확한 추정이 가능합니다. (마케팅 모델의 각 단계는 15번 꼭지에서 맨 먼저 다루고, 챕터 5 시스템 만들기에서 자세히 설명하고 있습니다.)

정리하자면, 손익분기점이란 간단하게 말해 월별 이익이 일반 관리비나 제조 원가에 기본적으로 들어가는 '고정비'를 넘어서는 지점입니다. 매출 기반으로 손익분기점을 넘어야 기업의 생존이 가능해집니다. 그리고 그 후 발생되는 이익을 점점 극대화하는 단계로 넘어가야 사업은 안정권에 들어갑니다.

보통은 창업할 때 가격 구조와 비용 구조를 철저하게 체크하지 않고 감으로 하는 경우가 많은데, 기본적인 가격과 비용 구조 즉, 원가 구조의 체크는 무엇보다도 중요합니다.

원가 구조와 고정비, 이 두 가지 정도만이라도 정확히 확인하고, 손익분기점을 인식한 상태에서 사업을 시작해야 합니다.

너무 당연한 얘기지만, 이기는 싸움을 해야 하고 이익이 나는 사업을 해야 합니다.

9
가격 정책의 기본은 흥정이다.
고객의 주머니 사정에 따라 가격은 결정된다.

창업을 하면서 많이 고민하는 부분이 가격 정책입니다. 가격 관련해서는 다양한 방법과 이론들이 있습니다. 일반적으로는 원가 중심, 경쟁 중심, 고객 중심이 있습니다.

원가 중심은 원가를 계산하고 거기에 적정 마진을 붙여서 가격을 책정하는 방법입니다. 경쟁 중심은 경쟁사의 가격을 참고하여 전략에 따라 더 비싸게 혹은 더 싸게 가격을 매기는 방법입니다. 고객 중심은 고객이 느끼는 가치를 중심으로 가격을 결정하는 방법입니다. 각 회사들은 자신의 상황에 맞춰 이런 방법들을 고려하면서 가격을 책정합니다.

이 중 '원가 중심'과 '경쟁 중심'은 시장을 염두해 두고 가격을 매기는 책정법입니다. 원가 중심은 고객을 정해 놓지 않았기 때문에 원가를 기반으로 가격을 책정해 놓고 그 가격대를 받아들일 수 있는 시장을 찾아 나서는 것이라 할 수 있습니다. 그리고 경쟁 중심은 들어가고자 하는 시장의 경쟁 상황 등을 분석해서 저가 혹은 고가로 가격을 정해 시장을 공략하는 방법입니다. 이 두가지는 고객 중심의 가격 결정법은 아닙니다.

반면, '고객 중심'은 고객이 낼 수 있고 흥정에 임할 수 있는 금액을 두고서 가격을 책정하는 방식입니다.

가격의 본질은 흥정입니다. 단순하게 얘기하면 가격은 흥정에 의해 결정됩니다. 물건이 팔려야 가격에 의미가 생깁니다. 다시 말하면 고객의 주머니 사정 즉, 예산 범위 내에 있어야 팔릴 가능성이 있습니다. 원가 중심이든 경쟁 중심이든 해당 가격이 고객이 지불할 수 없는 가격이면 의미가 없어집니다. 저는 이를 억셉터블 프라이스(Acceptable Price)라고 표현합니다. 제가 많은 창업가들에게 권장하는 가격 정책입니다.

가격 문제에 있어서 또 다른 고민은 '정찰제'라는 환상입니다. 가격은 한 번 정하고 나서 바꾸면 안되는 것으로 생각하는 분들이 많습니다. 하지만 우리는 간간히 백화점에서도 흥정을 합니다. 의류나 가전, 명품 등 금액이 좀 되는 제품은 각종 할인이나 끼워주기 선물 같은 걸로 일종의 가격 흥정을 합니다. 심지어 편의점의 상품 가격도 매장마다 다른 경우가 많습니다.

이처럼 가격은 변하는 것입니다. 가격을 책정한다는 것은 내 고객에게 적합한 가격을 찾아가는 과정입니다. 이 과정에서 가장 좋은 것은 고객이 낼 수 있는 최대치를 가격으로 얻어내는 것입니다.

제가 요즘 창업 단계에 있는 많은 분들에게 조언을 드리는 것 중 하나는 예상 고객이 낼 수 있는 최대치를 출발 가격으로 정하고, 조금씩 가격을 조정하면서 적정 가격을 찾아가는 방법입니다. (덧붙이면, 생산도 고객이 낼 수 있는 최대 금액을 두고 거기에 적정 마진을 뺀 나머지 금액으로 맞춰서 할 수 있어야 합니다. 좀더 정확하게는 마케팅과 관리 비용도 포함해야 하고요.)

예전에는 일단 거래가 일어나야 하니까 가능한 낮은

가격으로 출발하려고 했는데, 한 번 가격이 정해진 이후에는 가격 올리기가 쉽지가 않더군요.

어쨌든 중요한 건 흥정 능력입니다. 고객이 물건을 살 때마다 흥정을 하는 것이 아니라 내가 흥정의 마인드를 가지고 시스템에 꾸준히 반영하는 것이라고 할 수 있습니다. 즉, 끊임없이 고객과 피드백을 주고받으며 고객에게 만족을 주고, 내게는 지속 가능성을 담보할 수 있는 가격을 찾아내는 노력이 중요합니다.

다시 한번 말씀드리지만, 가격을 책정하는 능력은 창업가에게 반드시 필요한 능력 중 하나입니다.

10
플랫폼 서비스의 시작,
한쪽씩 잘라서 공략하고 작게 시작한다.

공급자와 수요자를 만나게 해주는 일종의 매칭 서비스를 시작하는 창업가는 꾸준히 등장합니다. 이를 플랫폼 서비스라고 많이 부르는데, 플랫폼이란 말이 워낙 광범위해서 저는 좀 더 명확하게 하기 위해 '매칭 서비스'라고 표현합니다.

매칭 서비스는 비즈니스 모델로 큰 유행을 탔고 또 잘 되면 파급력도 큰 모델입니다. 하지만 구현되기가 어렵습니다. 자칫 브로커, 거간꾼 모델이 될 소지가 다분하고 연결만 해주다 닭 쫓던 개 지붕 쳐다보는 신세가 될 수도 있습니다.

비즈니스의 기본은 거래입니다.

내가 가진 것 중에 고객이 원하는 걸 주고, 돈이나 행동으로 되돌려 받는 것입니다. 내가 제공하는 가치가 나의 핵심 역량과 연결되어 있어야 내 비즈니스가 됩니다. 매칭 서비스는 공급자의 상품을 수요자에게 제공하는 것입니다. 공급자에게는 수요자를 제공하고, 수요자에게는 공급자를 제공하는 것입니다.

말하기는 이렇게 쉽지만 시작은 무척 어렵습니다. 수요자가 있어야 공급자를 모집할 수 있고, 공급자가 있어야 수요자를 모집할 수 있기 때문입니다. 그래서 닭이 먼저냐 달걀이 먼저냐 하는 무한 루프에 빠질 수도 있습니다.

매칭 서비스(플랫폼 서비스)를 시작하는 방법은 대략 세 가지 정도입니다.

1)자본을 투입해서 한쪽을 먼저 모은 후 나머지 한쪽을 모으는 방법
2)내 상품이나 서비스로 한쪽을 먼저 모은 후 나머지 한쪽을 모으는 방법

3)작게 시작해서 한쪽씩 교대로 조금씩 늘려가는 방
　법

　1)번은 플랫폼 사업에 진출하는 회사들이 초기에 자
주 사용하던 방법입니다. 대신 자본력이 필요합니다.
2)번은 대부분의 성공한 플랫폼 기업들의 접근 방법입
니다. 아마존, 애플 등이 했던 방식으로 자신의 기존 제
품으로 고객을 모은 다음, 그 위에서 공급자나 개발자
를 다시 모으고, 그렇게 점점 몸집을 키워가는 방식입
니다. 3)번은 O2O 서비스 업체들이 많이 사용하는 방
법입니다. 작은 지역을 선택하여 공급자 몇 군데를 확
보한 후 수요자를 모집합니다. 수요자가 확보되면 공
급자를 늘리고, 그런 다음 수요자를 모집하고 다시 공
급자를 늘리는 식으로 지역을 확대해가는 방법입니다.
　위의 세 가지 방법을 살펴보면 처음부터 양쪽을 동시
에 모집하는 형태는 없습니다. 한쪽씩 잘라서 공략합
니다. 간혹, 양쪽을 동시에 건드리면서 어떻게 시작해
야 할 지 모르겠다는 창업가들이 있습니다.
　매칭 서비스는 기본적으로 두 개의 서로 다른 비즈니

스를 연결하는 것입니다. 따라서 한 개의 비즈니스를 성공시킨 후, 다른 비즈니스로 확장하는 것이 가장 정상적인 순서입니다. 즉, 한쪽씩 잘라서 공략한다고 생각해야 모델이 단순해집니다.

저는 위의 세 가지 방법 중, 2)번이나 3)번 모델이 가장 바람직한 모델이라고 생각합니다.

공급자나 수요자를 대상으로 내가 가진 핵심 역량 중에 뭔가 제공할 상품이나 서비스가 있다면 그 비즈니스부터 먼저 시작하는 방법입니다. 해당 비즈니스를 통해 고객이 어느 정도 확보된 후, 다시 그 기반으로 다음 매칭 서비스를 시작합니다(2번 모델).

그러나 공급자, 수요자 어느 쪽에서도 내가 가진 핵심 역량으로 상품이나 서비스를 제공할 방법이 없다면, 어쩔 수 없이 처음부터 바로 매칭 서비스를 시작해야 합니다(3번 모델). 이 경우, 둘 중에 한쪽을 고객이 아니라 파트너로 생각해야 합니다. 미리 몇 개의 파트너를 확보한 후, 해당 파트너의 고객을 대신 찾아주는 식입니다. 대행 서비스와도 비슷합니다. 일단 작게 시작하고, 교대로 조금씩 공급자 수요자를 키워나가는 방식이 좋습니다.

비즈니스란 거래이고, 거래란 상품이나 서비스를 주고받는 것. 이 기본 개념만 잊지 않는다면 어떤 복잡한 비즈니스 모델도 단순하게 시작할 수 있습니다.

크게 시작하려 하지 말고 작게 시작하는 것. 그것이 사업의 기본입니다.

11

**사업은 고객의 문제를 해결해주는 것이 아니라,
고객이 원하는 가치를 제공해 주는 것이다.**

보통 창업의 출발점을 '고객의 문제를 해결하는 것'
으로 보는 경우가 많습니다. 헌데, 이런 관점으로 접근
하면 고객이 느끼고 있는 불편한 점, 그것만 찾게 됨으
로 창업의 범위가 상당히 좁아집니다.

혹시 오해할까 봐 드리는 말씀인데, 이 말은 고객 한
명부터 찾아서 팔기부터 해야 한다는 말을 포괄하는 관
점입니다.

즉, 고객 한 명 한 명은 당장 발등에 떨어진 문제를 해
결하기 위해 돈을 내기도 하지만 항상 그러리라는 법은
없습니다. 계속적인 구매 연결을 위해서는 좀 더 본질

적으로 '고객이 원하는 가치를 주는 것'을 창업의 출발점으로 삼는 게 더 많은 사업 기회를 얻을 수 있는 방법입니다.

비즈니스의 본질은 '대화'라고 했습니다. 대화의 관점에서 비즈니스를 본다면 대화의 이유가 '문제 해결' 때문에 하는 셈인데, 대화의 이유를 이렇게만 보면 대화를 나누는 관계가 너무 한정적일 수밖에 없습니다. 왜냐하면 사람을 만나 대화하는 이유가 늘 문제 해결만 있는 것은 아니니까요.

대신 대화 목적을 좀 더 넓게 '상대방과의 관계를 발전시키고 유지하는 것'으로 보게 되면 시작은 문제 해결을 빌미로 대화를 시작하겠지만 장기적으로는 삶의 전반을 두고 함께 공감할 수 있는 대화로 발전할 수 있습니다. 이렇게 되면 훨씬 더 폭넓은 관계로 이어지겠죠.

인간관계를 맺는다는 것은 대화를 통해 서로를 알아가고 신뢰를 쌓으며 호감도를 높이는 일입니다. 궁극적으로는 하나의 공감대를 이루고 공동체로서 함께 살아가는 과정입니다. 이러한 지속적인 관계를 위해서는 끊임없는 대화가 필요합니다. 그래서 공통의 관심사를 찾아내는 것이 중요합니다.

공통의 관심사를 찾기 위해서는 내가 할 수 있는 얘기 중에서 상대방이 원하는 주제를 고르는 것이 중요합니다. 상대방이 원하는 것이 문제 해결 일수도 있겠지만 그게 아닌 다른 것, 어쩌면 아주 사소한 소재나 일상적인 이슈가 될 수도 있습니다.

사업의 방향도 마찬가지입니다. 상대방이 원하는 가치(Value)를 제공하는 것이 좀 더 본질적이고 포괄적인 출발점이 됩니다. 일회성의 거래만을 원할 때는 문제 해결이라는 관점이 강력하지만 장기적인 만남을 이어가는 단골을 만들려고 할 때는 고객이 원하는 가치를 꾸준히 제공하는 것이 중요합니다.

단발성 거래를 통한 매출 획득인가? 지속적 거래를 통한 단골 확보인가? 어떤 패러다임으로 사업을 바라보는가에 따라 사업의 출발점은 달라집니다.

일회성 거래가 목적인 경우에는 '문제 해결'이 창업의 출발점일 수 있지만, 지속적인 단골 확보가 목적인 경우에는 '고객 가치'가 창업의 출발점이 될 수 있습니다.

②
관점 바꾸기

12

영업은 사람에 의존하고
마케팅은 시스템에 의존한다.

코칭을 하다 보면 영업과 마케팅의 차이에 대한 얘기가 자주 나옵니다.

영업과 마케팅은 여러 가지가 다른 점이 있겠지만 가장 근본적인 차이점은 취업과 창업의 차이와 같습니다. 취업은 시간을 팔아 돈을 버는 것이고 창업은 상품을 팔아 돈을 버는 것입니다. 영업이 시간으로 고객을 만드는 행위라면 마케팅은 상품으로 고객이 생기는 과정입니다. 영업이 영업자의 행동이라면 마케팅은 시스템의 운영입니다.

영업은 시간을 들여 고객을 만드는 것이므로 아래와

같은 특성을 가집니다.

첫째, 영업에서의 시간이란 영업하는 사람 그 자체를 뜻하므로 사람 의존적입니다. 다시 말하면 영업하는 사람의 역량이나 컨디션에 따라 결과가 좌우되므로 일정한 결과를 예측하기가 어렵습니다. 그리고 영업은 사람을 파는 것이므로 영업자에게 고객이 귀속되기 쉽습니다. 다시 말해, 회사 고객이 생기기보다 영업자 개인 고객이 될 확률이 높습니다. 그래서 오랫동안 일을 해온 영업 담당자가 퇴사할 경우 고객도 함께 떠나는 일이 발생합니다.

둘째, 영업은 기본적으로 푸시(Push, 밀어내기) 전략입니다. 고객을 어떻게든 설득해 상품 구매를 하도록 만드는 것이 목적이므로 꼭 필요한 상품이 아니더라도 영업자의 능력에 따라 구매가 일어나기도 합니다. 다만, 이 경우 지속 가능성에 문제가 생길 수 있습니다. 그래서 한 번은 구매할 수 있지만 지속해서 상품을 구매하기는 어렵습니다. 즉, 단기적인 목표 달성은 가능하나 장기적으로 오래가는 고객으로의 전환은 어렵다고 봐야 합니다. 그래서 단골 마케팅 전략에는 어울리지 않습니다.

셋째, 영업 담당자가 부담을 많이 느낍니다. 어떻게든 상품을 팔아야 하므로 스트레스가 많아집니다. 이런 스트레스를 이기고 숙련된 영업자로 성장하려면 꽤 오랜 시간이 필요합니다.

반면, 마케팅은 상품으로 고객이 생기는 시스템을 운영하는 것이므로 영업과 비교해 보면 아래와 같은 특성이 있습니다.

첫째, 사람에 의존하지 않고 시스템에 의존합니다. 즉, 정리된 프로세스와 템플릿 그리고 매뉴얼에 따라 진행되므로 결과 예측이 가능하며 같은 결과를 지속해서 만들어 낼 가능성이 높습니다. 그리고 영업자에 의존하지 않으므로 직원 변동이 있더라도 고객에 미치는 영향은 그리 크지 않습니다.

둘째, 마케팅은 기본적으로 풀(Pull, 끌어당기기) 전략입니다. 고객이 구매를 하도록 유도하지만 무리하지는 않습니다. 오히려 마케팅 프로세스를 통해 내 상품과 맞지 않는 고객을 걸러내는 효과가 있습니다. 따라서 이 과정을 통과한 고객은 상대적으로 오랫동안 단골로 남아있습니다.

셋째, 마케터라 할 수 있는 고객 담당자가 크게 부담을 느끼지 않습니다. 고객이 원하는 적절한 상품을 소개하고 사용하도록 하는 것이 주요 활동이므로 원치 않는 고객에게 상품을 억지 구매하도록 유도할 필요가 없습니다. 그리고 고객과의 소통을 통해서 부정적인 피드백이 나오면 상품이나 시스템에 이를 반영해 상품이나 회사의 역량을 성장시키면 되기 때문에 개별 직원이 가져야 할 부담감은 크지가 않습니다.

영업은 단기적인 성과는 만들 수 있지만 장기적인 성과를 만들기는 어렵습니다. 그래서 영업은 물지게로 물을 나르는 것이고, 마케팅은 수로를 파서 운영하는 것이라고 표현합니다.

사업의 본질은 수로와 같은 시스템을 만드는 것입니다. 급한 경우 한두 번 물지게를 질 수 있지만 기본은 마케팅 시스템을 운영하는 것이라는 걸 잊어서는 안 됩니다.

영업은 마약과 같아서 반복하면 중독됩니다. 잠시라도 영업에 의존하게 되면 그동안 구축해 놓은 시스템이 무너질 확률이 높아집니다.

될 수 있으면 미리미리 계획을 세워 급하게 물지게 질 일은 없애고, 수로를 파는 것에 전념하도록 해야 합니다.

13

일 안 해도 들어오는 패시브 인컴은 없다.
자본 수익도 액티브 인컴이다.

코칭을 하다 보면 패시브 인컴(Passive Income, 수동 소득)
얘기를 가끔 듣습니다.

"매일 같은 일을 반복하는 게 힘들다. 그간 진짜 열
심히 일해서 사업은 좀 안정된 것 같은데, 이젠 여유를
갖고 싶다. 패시브 인컴을 만들 수 있으면 좀 나아질 것
같다."

패시브 인컴이란 잠자는 동안에도 들어오는, 일을
하지 않아도 따박따박 들어오는 수입을 얘기합니다.
자본 소득, 저작권료, 임대료, 로열티 등이 여기에 속
합니다. 많은 사람들의 로망이죠.

마치 휴양지 해변에 누워서 가만히 쉬고 있어도 돈이 계속 들어오는 걸 생각합니다. 그래서 사람들은 패시브 인컴을 일 안 해도 들어오는 돈이라고 착각을 합니다.

근데, 가만히 생각해보면 그런 의미의 패시브 인컴은 존재할 수가 없습니다. 자본 소득과 금융 소득에 중요한 은행 이자만 봐도 고정되어 있지 않고 계속해서 변합니다. 높아질 때도 있고 낮아질 때도 있습니다. 그리고 펀드나 주식은 원금 손실의 리스크가 있습니다. 한마디로 끊임없이 관리하지 않으면 안 됩니다.

임대료 수익 또한 건물 관리, 공실 관리, 임차인 관리 등 기본적인 관리에 들어가는 노력이 만만치 않습니다. 로열티는 당연히 지급 회사의 실적에 따라 좌우되며, 음악과 서적 등과 같은 저작권료 또한 지속적인 활동을 하지 않으면 점점 잊히면서 감소할 수밖에 없습니다.

그렇기 때문에, 우리가 막연하게 생각하는 불로 소득 같은 패시브 인컴은 존재하지 않습니다. 단기적인 패시브 인컴은 가능하겠지만 지속적인 패시브 인컴은 불가능합니다.

패시브 인컴처럼 보이는 대부분의 수익은 물 위에 떠 있는 백조와 같습니다. 겉으로는 우아하게 떠 있지만 물밑에서는 부지런히 발을 움직이고 있습니다.

사람들이 패시브 인컴을 추구하는 이유는 하기 싫은 일을 돈 때문에 억지로 하고 싶지 않기 때문입니다. 나아가 돈에 대한 스트레스 없이 살고 싶기 때문입니다. 그래서 스트레스 없이 일상을 보내는데 돈은 꼬박꼬박 들어오는 것. 모두가 이걸 생각합니다.

그러면 어떻게 하면 스트레스를 받지 않으면서도 돈이 꼬박꼬박 들어올 수 있을까요? 그것은 돈 버는 일이 일상이 되면 됩니다. 스트레스 없이 내가 하고 싶은 일을 하며 사는 데 돈이 들어오는 것입니다.

스트레스란 의식적으로 뭔가를 할 때 발생합니다. 그런데 루틴이 생기고 어떤 일이 익숙해지고 나면 그 부분에 대한 스트레스가 없어집니다.

어릴 때는 밥을 먹는 일, 처음으로 걸음마를 떼는 일, 아침에 일어나 이를 닦는 일, 이런 것들이 다 스트레스였습니다. 그래서 이런 일에 익숙해지기 위해 생활 습관 훈련을 했습니다. 그러다 그게 익숙해지면 그냥 무의식적으로 하는 일상이 되어버립니다.

일도 마찬가지입니다. 우선은 내가 하는 일이 돈으로 바뀔 수 있는 비즈니스 시스템을 만들고, 그 시스템을 돌리는 일을 일상으로 만드는 것이 중요합니다.

창업해서 성공한 후 엑시트(Exit, 탈출) 하려는 이유는 그 일을 내가 일상으로 할 수 없거나, 그렇게 만들지 못했기 때문입니다.

사업이 잘돼서 돈을 좀 벌고 나면 그 돈으로 여기저기 투자해 놓고 편안하게 살고 싶어집니다. 하지만 투자하는 일 역시도 또 하나의 일입니다. 투자에 대해서 배워야 하고, 투자 대상을 지속해서 관리해야 합니다. 투자에 익숙해지기까지 또 다른 스트레스를 견뎌야 합니다.

패시브 인컴이란 결국 마음의 문제입니다. 내가 돈을 벌고 있는 행위를 패시브하게 만들면 패시브 인컴이 됩니다. 그런 관점에서 보면 취업도, 창업도, 투자도 패시브 인컴으로 만들 수 있습니다. 직장 생활도 루틴이 잡히면 월급이 따박따박 들어오는 패시브 인컴입니다.

패시브 인컴을 얻는 방법은 내가 하고 싶은 일을 찾고, 그 일을 통해서 돈을 벌 수 있는 방법을 찾아 익숙한 일상으로 만들어 버리는 것입니다. 그것이 취업이든, 창업이든, 투자든 상관없습니다.

저는 지속 가능성과 주도권을 위해 나만의 시스템을 만드는 사업을 권장하지만 그 형태는 결국 내 스타일에 맞는가 아닌가의 문제일 뿐입니다. 다른 곳에서 패시브 인컴을 찾지 말고, 현재 내가 하는 일을 패시브 인컴으로 만들어 보길 바랍니다.

14

노비는 일 중심, 주인은 맥락 중심이다.
사업은 판을 장악하는 것이다.

창업가는 일을 어떻게 봐야 할까요? 저는 코칭하는 분들을 대상으로 아래와 같은 얘기를 많이 합니다.

"일에 매몰되지 말고 시스템을 만들어라. 부품을 생각하지 말고, 자동차를 만들어라. 모든 행동을 설계도 위에서 생각하라."

그런데 이 얘기는 회사 경력이 이미 있는 창업가분들에게 더 자주 하는 말입니다. 사실, 이분들은 일에서는 베테랑인 경우가 많아서 더 자주 할 뿐이지 이제 막 시작한 창업가분들에게도 빼놓지 않고 많이 하는 말입니다.

창업가들이 가장 경계해야 할 습관이 바로 일에만 집

중하고 일에 매몰되는 습관입니다. 이런 습관이 생기게 된 원인은 우리가 경험한 교육 제도가 그랬고, 가정과 사회가 그걸 강조했기 때문입니다.

저는 이를 좀 더 극단적으로 말해 '노비 문화'라고 표현합니다. 말 잘 듣는 직장인, 군소리 없이 일하는 월급쟁이를 키우고 배출하기 위한 문화라 할 수 있습니다.

이 문화에서는 주변 사람 대부분이 다 노비입니다. 주인은 우리와는 전혀 다른 그들만의 리그에 살고 있습니다.

노비들은 노비들끼리 주인 욕을 하면서 위안을 삼으며 살아갑니다. 그래서 갑자기 친구 하나가 더이상 노비를 안 하고 다른 삶을 살아보겠다고 하면 진심 어린 마음으로 말리곤 합니다. 그리고 기존의 노비와 다른 행동을 하는 친구가 있다면 그를 왕따로 만들기도 합니다. 또, 자녀들이 이 생활을 좀 벗어나 보겠다고 하면 그냥 살던 대로 살라면서 윽박지르기도 하고 꾸중을 하기도 합니다.

창업은 취업과는 본질적으로 다른 길을 가는 것입니다. 직장을 옮기는 것도 아니고, 새로운 직장을 하나 만들어서 다니는 것도 아닙니다. 사업을 한다는 것은 새로운 삶으로 전환하겠다는 것이고, 새로운 문화를 받아들이겠다는 것이며, 새로운 세계로 걸어 들어가겠다는 것을 뜻합니다.

학교생활을 잘하던 모범생보다 학교생활에는 적응 못 하던 친구들, 학교에서 자꾸 딴짓만 하던 친구들이 사업을 통해 성공하는 경우를 자주 봅니다. 왜냐면 기존 문화에 적응하지 못했던 친구들이 다른 문화로 옮겨가기가 더 쉽기 때문입니다.

노비 문화의 특징은 '일' 중심입니다. 맥락은 크게 중요하지 않습니다. 그저 주어진 일을 주어진 시간 내에 잘 완수하면 됩니다. 그래서 효율성이 중요합니다. 맥락을 고민하기 시작하면 일의 효율이 떨어집니다. 예전에 노비가 글을 알면 엄히 처벌했던 이유가 바로 이 때문입니다.

세상의 이치를 알고 전체적인 맥락을 이해하면 그 세계를 뛰쳐나오려 하고, 하극상을 일으킵니다. 그로 인해 기존 질서가 붕괴되기도 하지만 작게 보면 일에 집중하지 못하게 됩니다. 일에 집중하지 못하면 결과적으로 일의 효율이 떨어집니다. 그래서 생각할 시간을 주지 않고 생존에 급급하도록 만듭니다. 기존 체제를 유지하기 위한 방법이었습니다.

반면, 주인 문화라 할 수 있는 오너십의 특징은 '판'을 파악하고 판을 장악하는 것입니다. 여기서는 전체 맥락을 이해하는 것을 중요하게 봅니다. 그래야 어떤 일을 시켜야 할지 결정할 수 있고, 수많은 일을 조합하여 원하는 결과를 도출할 수 있습니다.

즉, 일 하나하나를 잘하는 것보다는 시스템 전체를 이해하는 것이 중요합니다. 부품 하나하나를 잘 만드는 것이 목적이 아니라 자동차를 만드는 것이 목적입니다. 벽돌을 쌓는 것이 아니라 빌딩을 짓고 있다는 사실을 늘 자각해야 합니다. 관점이 일 하나하나에 매몰되는 것이 아니라, 전체적인 시스템에 집중되어야 합니다. 이것이 창업하는 사람, 사업하는 사람에게 필수적인 관점입니다.

그런데 최근에 새로운 패러다임으로 운영된다고 말하는 회사의 경우, 직원에게도 이러한 관점을 요구합니다. 요즘은 노비를 부려서 농사를 짓는 것이 아니라,

스스로 농사를 짓는 농부들이 함께 모여서 일하도록 하는 문화이기 때문입니다.

그래서 창업가는 자신이 하는 모든 행동을 전체 설계도 안에서 해야 하고, 직원들이 설계도를 파악하고 설계도 안에 포함되는 일인지 아닌지를 스스로 판단할 수 있도록 관리해야 합니다.

전체를 보는 눈, 전체를 장악하는 눈. 그것이 바로 오너십 다른 말로 앙트레프레너십(Entrepreneurship), '기업가 정신'의 출발점입니다.

15

마케팅 모델은 생각의 틀이다.
퍼널 모델과 엔진 모델의 차이는
단골 풀에 있다.

마케팅을 어떻게 해나갈지 고민하는 것을 마케팅 기획 혹은 마케팅 전략 수립이라고 말합니다.

마케팅 기획을 할 때 매번 창의적인 생각을 할 수 있으면 좋겠지만, 항상 그렇게 하기는 어렵습니다. 그래서 우리는 미리 어떤 생각의 틀을 만들어 놓고, 그 기반 위에서 기획이나 전략을 풀어가게 됩니다. 이러한 생각의 틀을 '모델'이라고 하고, 마케팅에서 사용하는 틀을 '마케팅 모델'이라고 합니다.

우리가 학교나 책을 통해서 배우는 마케팅 이론은 이러한 틀을 배우는 셈이라고 할 수 있습니다. 한 번씩 들어본 적 있는 SWOT 분석, STP 전략, 4P 등의 용어들도 사실은 특정 마케팅 모델 안에서 사용되는 용어들입니다.

오랫동안 사용되고 있는 주류 마케팅 모델을 저는 깔때기 즉, '퍼널(funnel) 모델'이라고 생각합니다. 다양한 방법으로 불러 모은 고객을 깔때기처럼 단계적으로 처리해서 판매하는 방식입니다.

퍼널 모델의 기본 개념은 '광고로 매출 올리기'입니다. 마케팅 개념이 생긴 이후부터 20세기까지는(마케팅 1.0, 2.0 시대) 이 모델을 중심으로 다양한 변주를 하면서 마케팅 전략을 수립해왔습니다.

21세기로 넘어오면서부터는(마케팅 3.0 시대) 마케팅의 패러다임이 바뀌기 시작했고, 퍼널 모델 대신 새로운 모델로 진화합니다. 바로 '엔진(engine) 모델'입니다. 엔진 모델은 일종의 순환형 모델로 엔진처럼 빙글빙글 돈다고 해서 이름을 그렇게 붙였습니다.

엔진 모델의 기본 개념은 고객과의 관계를 중시하는 '상품으로 팬덤 만들기'입니다. 요즘 중요성이 점점 강조되는 팬덤 마케팅, 단골 마케팅, 커뮤니티 마케팅,

브랜드 마케팅 등이 바로 이 엔진 모델에 속합니다.

퍼널 모델이 마케팅2.0시대까지 활용된 모델이었다면, 엔진 모델은 마케팅3.0시대 이후부터 활용되는 모델입니다. 전통적으로 사용되어온 퍼널 모델은 마케팅 1.0과 2.0까지의 전략은 수용할 수 있으나 새로 대두된 3.0전략은 수용하기 어렵습니다. 하지만 최신 모델인 엔진 모델은 1.0, 2.0전략은 물론 3.0전략까지도 수용이 가능합니다.

즉, 퍼널 모델에서는 단골 개념을 설명하기 어렵지만, 엔진 모델에서는 퍼널도 단골도 모두 설명할 수 있습니다. 그래서 엔진 모델이 좀 더 진화된 모델입니다.

"아직 단골이나 팬이 없다면 엔진 모델은 소용없는 것 아닌가?"이렇게 질문할 수도 있습니다. 하지만 각자의 비즈니스 상황에 따라 사용 가능한 단계까지만 쓰면 됩니다.

엔진 모델에는 '신청 → 경험 → 결정 → 단골'의 4단계가 있습니다. 이중 신청과 경험 단계까지만 활용하면 퍼널 모델과 유사하고 결정과 단골 단계까지 가면 엔진 모델 전체를 사용하는 것이 됩니다. (각 단계에 대한 상세한 설명은 뒤쪽에서 다시 나옵니다.)

엔진 모델을 써서 마케팅 기획을 해야 비어 있는 부분(결정과 단골 단계)이 보이게 됩니다. 그러면 내가 앞으로 어떤 부분을 발전시켜 나가야 할지 그 방향을 미리 생각할 수 있습니다.

퍼널 모델과 엔진 모델의 본질적인 차이는 일회성인가, 아니면 순환되는 것인가에 있습니다. 여기서 순환의 열쇠는 단골 풀(Pool)의 유무입니다.

퍼널 모델은 단골 풀이 없으므로 한번 지나가면 끝입니다. 하지만 엔진 모델은 단골 풀이 있으므로 축적되고 순환되며 자가 발전이 가능합니다.

현재는 상품 특성과 기존 비즈니스 관성이 남아 있어 퍼널 모델에 해당하는 광고 중심의 '알게 하기' 전략, CS(Customer Service) 중심의 '믿게 하기' 전략밖에 쓰지 못한다 하더라도, 단골 풀을 만드는 방법을 찾게 되면 언제든지 팬덤 마케팅으로 넘어갈 수 있습니다.

나는 지금 단골 풀이 있는가? 단골 풀을 만들고 있는가? 그것이 바로 3.0마케팅을 하고 있는지, 1.0, 2.0마케팅을 하고 있는지를 알 수 있는 체크 포인트입니다.

네이버 카페나 밴드, 단톡방이라도 빨리 만들어보라고 하는 이유가 바로 이 때문입니다.

* 마케팅 1.0: 산업혁명 이후, 제품의 대량생산으로 매스 마케팅 시작. 제품이 부족하므로 알리기만 하면 줄서서 사가던 시대. 제품 판매가 핵심 목표로 제품 중심의 마케팅. 미국은 1920년대 이후, 한국은 1960년대 이후부터.

* 마케팅 2.0: 제품간 경쟁의 심화로 고객 만족과 유지가 목표. 차별화 전략, 포지셔닝 기법 등 출현. 1980년대 이후부터 2000년대까지.

* 마케팅 3.0: 소셜 미디어의 등장으로 고객과의 관계가 중요해지면서 기업의 가치와 미션, 비전 등을 강조. 더 나은 세상 만들기가 목표인 가치 주도형 마케팅. 2000년대 이후부터.

(참고: 필립 코틀러, 『마켓 3.0』)

16

사업 목표는 매출 확대도 고객 확보도 아니다. 시스템 성능, 즉 '확률'이다.

일반인들이 가지고 있는 마케팅에 대한 기본 개념은 '광고로 매출 올리기'입니다. 이 생각은 마케팅 모델 중, 퍼널 모델에서 나온 개념입니다. 퍼널 모델은 광고로 고객을 모으고, 모은 고객들을 대상으로 상품을 팔아서 매출을 올린다는 생각을 기반으로 하고 있습니다.

지금까지 대부분의 마케팅 이론은 퍼널 모델 중심으로 정리되어 있습니다. 전통적인 대기업들은 대부분이 모델을 기반으로 사업을 하고 있습니다. 이 모델에서의 사업 목표는 매출입니다. 모든 것이 매출 중심으로 계획, 실행, 평가됩니다. 시장 점유율도 기본적으로는 매출 점유율입니다.

그런데 21세기가 되면서 마케팅 전략이 바뀌게 됩니다. 바로 퍼널 모델 대신 엔진 모델의 시대가 된 것입니다. 이제는 엔진 모델에 속하는 팬덤 마케팅, 커뮤니티 마케팅, 브랜드 마케팅이 중요해진 시대입니다. 팬덤 마케팅은 말 그대로 '상품으로 팬덤 만들기'입니다. 상품을 경험한 고객이 점차 팬덤이 되도록 상품 라인을 구성하고, 라인을 따라 순차적으로 상품을 구매할 수 있도록 설계해 지속적인 수익을 올린다는 개념입니다.

이 모델에서의 사업 목표는 매출이 아니라 고객 즉, 팬덤 확보입니다. 여기서는 모든 것을 고객 기반으로 평가합니다. 매출보다는 확보한 고객의 수(즉, 팬덤의 수)가 더 중요합니다. 모든 사업의 계획과 실행, 평가를 고객과 관련된 숫자 중심으로 평가합니다.

정리하자면, 퍼널 모델에서는 매출을 중심에 놓고 엔진 모델에서는 고객을 중심에 놓고 있습니다. 헌데 이 두 가지 모델에도 공통점이 있습니다. 바로 시스템이라는 점입니다. 퍼널 모델은 '퍼널 시스템'이며, 엔진 모델은 '엔진 시스템'입니다.

사업을 수행하는 실무자(직원) 입장에서는 비록 경영진이라 할지라도 사업 결과로 평가를 받게 되기 때문에 매출이 중요하고 고객 수가 중요합니다. 하지만 사업의 주인인 오너 입장에서는 사업의 결과를 지속해서 낼 수 있는 시스템이 더 중요합니다. 즉, 기업의 자산 가치를 이 시스템이 얼마나 잘 유지할 수 있느냐 그렇지 않느냐로 판단한다고 볼 수 있습니다.

오너나 투자자 입장에서는 해당 사업이 내가 기대하는 결과를 낼 수 있는 역량을 가지고 있느냐 그렇지 않느냐를 더 중요하게 봅니다. 기대하는 매출을 낼 수 있는 시스템인가? 기대하는 단골 고객을 만들어낼 수 있는 시스템인가? 그래서 이 기준으로 사업 성과를 봅니다.

시스템의 성능이나 역량은 매출이나 고객 수보다는 '확률'로 표현됩니다. 단계별 전환율, 단골이나 팬덤 고객의 증가율. 즉, "투자 대비 팬덤 전환율이 높아서 수익이 나는가?" "팬덤 고객이 지속해서 늘어나고 있는가?" 이 두 가지 포인트가 그 사업의 수준과 가치를 나타내는 지표가 됩니다.

사업을 하는 사람은 매출만 추구해서도 안 되고, 고객만 추구해서도 안 됩니다. 궁극적으로는 그런 결과를 낼 수 있는 확률을 추구해야만 합니다. 그것이 진정한 사업가이고, 오너이며, 투자자입니다.

17

브랜딩이란 이미지를 만드는 과정이 아니라, 단골을 늘려가는 과정이다.

예전에 디자이너 한 분을 코칭할 때 받은 질문입니다.

"마케팅을 하는 건 이제 감이 오는데, 그럼 브랜딩은 어떻게 하면 좋을까요?"

많은 사람들이 브랜딩이란 '브랜드를 알리는 일'이라고 생각합니다. 브랜딩에 대한 고민은 주로 "어떻게 브랜드를 인식시킬 것인가?" "브랜드 이미지를 어떻게 만들까?" "어떻게 하면 브랜드를 많이 알게 할까?" 같은 것들입니다.

브랜딩에 대한 이 같은 인식은 전통적 마케팅 즉, 광

고로 매출 올리기 같은 퍼널 모델에서 기인한 것입니다.

마케팅 1.0에서 마케팅 2.0시대까지 약 100년 이상을 지속해온 모델인 마케팅 퍼널의 출발점은 광고입니다. 대량 생산으로 인해 한꺼번에 많이 팔아야 했고 한꺼번에 많은 사람을 동시에 만나 체험시킬 수 없어서 매스미디어를 활용한 '광고'라는 개념이 출현했습니다. 그 후 대기업의 마케팅 출발점은 언제나 광고였습니다.

또, 한동안 마케팅 관련한 대중 서적을 출간한 분들 중 유난히 광고 대행사 출신이 많았습니다. 이들은 모든 걸 광고 관점에서 얘기했습니다. 그러다 보니 브랜딩에 대한 얘기도 이분들 관점으로 대중화되었고, '브랜딩은 이미지 만들기'라는 왜곡된 인식이 자리 잡히기 시작했습니다.

원래 브랜드의 유래는 자기 소유의 가축에 불에 달군 인두로 찍은 낙인 즉, 도장에서 기인했다고 합니다. 다시 말하면, 상품에 표시된 주인 이름이 브랜드입니다.

브랜드의 출발점은 상품입니다. 고객이 어떤 상품을 사용해보고 만족하면, 그 낙인이 찍힌 상품만 찾게 됩니다. 그런 고객이 점점 늘어나면 그 상품에 찍힌 낙인 자체가 신뢰를 얻게 되고, 낙인이 찍힌 상품을 좋은 상품이라고 믿고 그 상품만 구매하게 됩니다. 그렇게 되면 그 브랜드는 자리를 잡았다고 얘기합니다.

'브랜딩'이란 브랜드가 경험을 통해서 고객 인식 속에 자리 잡아가는 과정이라고 보면 됩니다. 브랜드가 신뢰를 얻어가는 과정이고, 그 브랜드만 찾는 단골이 점점 늘어가는 과정이 브랜딩입니다.

이 과정은 기본적으로 상품에 대한 경험에서 출발합니다. 상품을 사용해보고 만족해서 계속 구매하는 사람이 늘어나는 것이 중요합니다. 그래서 잘 보면 마케팅 프로세스 특히 단골 마케팅 프로세스와 다를 바가 없습니다. 엔진 모델로 단골이 생기는 시스템을 만들고 운영하는 것처럼 브랜딩도 상품으로 단골이 생기는 과정입니다.

그래서 브랜드 파워란 단골의 숫자입니다. 브랜드 파워 1위로 코카콜라를 꼽는 이유가 코카콜라만 찾는 고객이 그만큼 많기 때문입니다.

브랜드 파워를 키우고 싶다면 단골을 늘리면 됩니

다. 그러니 단골이 많아지면 브랜딩은 자연스럽게 됩니다.

고객에게 어떤 이미지를 심는 것이 브랜딩이 아니라 우리 제품에 대한 경험을 고객이 쌓아가도록 돕는 것이 브랜딩입니다. 내 상품을 경험하고 만족하는 고객의 수를 늘려가는 일입니다.

18

고수는 내 탓을 하고,
하수는 남 탓을 한다.
내 탓을 해야 문제 해결 주도권을
내가 가질 수 있다.

커뮤니케이션 수준에는 고수 전략과 하수 전략 두 가지가 있습니다. 전략이라고 표현했지만 사실상 수준, 레벨이라 할 수 있습니다.

고수 전략은 나를 먼저 바꾸는 전략입니다. 반대로 하수 전략은 남을 바꾸려는 전략입니다.

사람은 기본적으로 하수 전략으로 세팅되어 있습니다. 생존을 위해서 어쩔 수 없는 방어 본능입니다. 잘못을 외부로 돌려야 내가 살 수 있는 논리가 만들어지는 것과 같습니다.

사실 이건 노비 마인드에서 출발합니다. 과거 노비

들은 주인에게 잘 보이고 능력을 인정받아야 대우도 더 받고 살아남을 수 있었습니다. 잘못하는 건 곧 죽음을 의미했습니다. 따라서 잘못이 내게 있으면 안 됩니다. 외부에 있어야 했습니다. 그래서 항상 남 탓을 하는 버릇이 생겼습니다. 장사가 안되면 경기가 안 좋은 거고, 고객이 불만을 제기하면 악성 고객인 거고, 직원이 나가면 괘씸한 직원입니다.

그런데 오너십을 제대로 가지려면 이런 하수의 수준을 넘어 고수의 수준에 올라서는 훈련을 해야 합니다.

한번 생각을 해보세요. 내 시스템이고, 내 회사고, 내 판입니다. 그런데 문제가 외부가 있다고 치부해버리면 결과적으로 내 시스템, 내 회사, 내 판을 개선할 기회를 잃어버리게 됩니다. 그런데 문제가 밖이 아닌 내 안에 있다고 생각하게 되면 내 시스템을 개선할 기회가 생깁니다. 뭔가 해볼 수 있는 여지가 생기는 거라 할 수 있습니다.

실질적으로 직원이나 고객에게 문제가 있다 하더라도 내게 문제가 있다고 생각하고 내 시스템에 문제가 있다고 생각해야 내가 주도권을 쥐고 문제를 해결할 수 있습니다. 그리고 내가 주인이라면 문제가 나에게 있다고 한들 피해 볼 건 없습니다. 나를 평가하는 사람은 없으니까요.

이 같은 고수 전략의 핵심은 '받아들이기'(Acceptance)에 있습니다. 상대방을 있는 그대로 수용하는 연습, 현상을 있는 그대로 수용하는 연습을 하는 것이 중요합니다.

장사가 안되면 '아, 장사가 안되는구나. 그럼 나는 뭘 바꾸면 되지?' 고객에게 문제가 생기면 '아, 고객이 불편해하는구나. 그럼 난 뭘 바꾸면 되지?' 직원에게 문제가 생기면 '아, 직원이 불편해하는구나. 그럼 나는 뭘 바꾸면 되지?' 경기가 나빠지면 '아, 경기가 나빠지는구나. 그럼 나는 뭘 바꾸면 되지?'

이렇게 생각을 바꾸는 습관이 생기면 스트레스받을 일이 상당히 줄어듭니다. 결과적으로 시스템은 끊임없이 개선되고 나의 역량은 무한히 성장합니다.

각종 어려운 문제들을 수용해 내 시스템으로 내재화하면 모든 사람들을 품을 수 있습니다. 까다로운 고객을 수용해서 상품에 내재화하면 앞으로 또 다른 고객층을 받아들일 수 있는 역량이 생깁니다. 결과적으로 더 큰 시장에 접근할 수 있게 됩니다.

초기 시장에서 주류 시장으로 넘어가는 방법 즉, 캐즘을 넘어가는 방법도 바로 여기에 있습니다. 초기 시장에서 만나는 얼리어답터들이 내놓는 요구 사항들을 지속해서 내재화하고, 상품화하면 실제 주류 시장에서 더 다양한 고객을 만족시킬 수 있는 세련된 상품이 됩니다.

그래서 받아들이기 전략은 오너십과 비즈니스에 있어 아주 중요한 방법론입니다.

19

마케팅 2.0에서 3.0으로 넘어가는 지름길은 CS다.
방어적 AS에서 선제적 AS로 바꾸고,
CS 부서가 상품 개발팀 역할을 해야 한다.

　전통적 마케팅에 해당하는 1.0, 2.0 마케팅 전략과 3.0 마케팅 전략은 패러다임 자체가 다릅니다. 그래서 2.0 마케팅을 오랫동안 해온 대기업이 3.0 마케팅으로 전환하는 것은 불가능하다고 생각했습니다.

　패러다임을 바꾼다는 것은 회사의 근간을 바꾸는 것이므로 현재 내가 가진 것을 버려야 다른 것을 잡을 수 있다는 것을 뜻합니다. 그런데 대기업은 몸집이 너무 크고 가진 게 많아 손에 쥔 것을 쉽게 내려놓을 수가 없습니다.

　작은 회사 중에서도 사업을 오랫동안 해온 회사나 소

비재, 내구재, 단발성 서비스업 등 사업 모델이 이미 정형화되어 있는 기업의 경우 3.0 마케팅인 엔진 모델로의 전환이 쉽지 않습니다. 그런데 최근에 이 같은 기업들도 엔진 모델로 전환하는 방법이 있어 한 번 정리해 보았습니다.

엔진 모델로 넘어가는 열쇠는 '커뮤니케이션 패턴의 전환'에 있습니다. 바로, 하수에서 고수로의 전환입니다. 여기에서 하수란 고객을 바꾸려는 것이고, 고수란 나를 바꾸는 것입니다.

1.0 마케팅에서의 광고 전략은 고객이 나를 알게 하겠다는 것이고, 2.0 마케팅에서는 고객이 나를 믿게 하겠다는 것입니다. 일종의 방어적 AS(After Service) 전략입니다. 1.0과 2.0은 모두 고객을 바꾸려는 전략입니다. 그런데 3.0 마케팅의 주류인 팬덤 전략은 내가 고객과 하나가 되겠다는 즉, 나를 바꾸어 고객에게 다가가겠다는 전략입니다. 1.0, 2.0 마케팅은 하수 기반이고, 3.0 마케팅은 고수 기반입니다. 따라서 커뮤니케이션 패턴을 하수에서 고수로 바꾸는 것만으로도 전환을 시작할 수 있습니다.

2.0에서 3.0으로 가기 위해서는 방어적 AS에서 고수 전략인 선제적 AS로 전환하는 것이 우선되어야 합니다. 더 구체적으로 표현하면 CS 전략을 바꾸는 것을 말합니다.

선제적 AS란, 고객을 있는 그대로 받아들이는 것, 고객의 상황을 그대로 수용하고 대책을 세우는 것을 말합니다. 대책을 세운다는 뜻은 프로세스를 바꾸고 시스템화한다는 것입니다. 더 명확하게는 그것을 상품화한다는 뜻입니다. 즉, CS 파트에 들어오는 고객의 불만 사항을 단순히 말썽 없이 잘 처리하는 것이 아니라 상품화를 위한 아이디어로 생각한다는 것입니다.

이는 고객 불만 사항을 수용하여 다시는 그런 일이 안 생기도록 시스템화하고, 상품과 서비스에 이를 반영하는 것을 뜻합니다. 다음에는 그런 불만이 나오지 않게 하는 것, 그것이 바로 고객과의 협업을 통해 상품을 개발하는 과정입니다. 그래서 3.0 마케팅의 주력 부서는 상품개발팀이 되어야 합니다. (챕터 6. 조직 만들기에서 좀 더 상세히 설명하겠습니다.)

그래서 2.0 마케팅에 정형화된 기업이라 할지라도

3.0 마케팅을 하려면 CS 업무를 상품 개발 부서로 옮겨야 합니다. 단순히 부서만 옮기는 것이 아니라, CS 업무를 외주로 처리하지 않고 상품개발팀의 주력 업무로 설정한다면 자연스럽게 3.0 마케팅을 실행할 수 있는 조직이 됩니다.

전략이나 정책의 실행은 사람이 합니다. 어떤 전략을 취할 것인가는 어떤 조직 구조를 가질 것인가와 직결됩니다. 조직을 보면 그 회사의 전략을 알 수 있듯 새로운 전략을 수행하려면 조직 구조를 그에 맞춰 새롭게 개편하거나 세팅해야 합니다.

만일 이러한 전환을 해낼 수 있다면 2.0 전략을 쓰는 삼성이 3.0 전략을 쓰고 있는 애플을 브랜딩은 물론이고, 마케팅 전략에서도 이기는 날이 올지도 모릅니다.

20
이제 제조업은 없다.
모든 비즈니스는 서비스업이다.

우리가 학교에서 배운 산업 분류법은 아래의 세 가지였습니다.

1차 산업: 농림수산업

2차 산업: 제조업

3차 산업: 서비스업

인류 역사에 따라 각 산업이 주류를 이룬 시기는 달랐습니다.

약 1만 년 전 시작된 농업 혁명은 수렵과 채집 위주

의 원시 시대에서 사육하고 재배하는 농경시대로의 전환을 이끌었습니다. 이때는 1차 산업이 주류였습니다. 18세기에 시작된 산업 혁명은 기계 기술과 공장 생산 방식을 등장시켰고, 제조업 중심의 산업 시대를 낳았습니다. 이때는 2차 산업이 주류가 되었습니다. 그리고 20세기 중반부터 시작된 정보 혁명은 정보 기술과 인터넷 등을 활용한 기술 혁신을 부채질하며 제조에서 서비스 중심으로 탈산업 시대를 이끌고 있습니다. 지금, 주류 산업은 잘 알다시피 3차 산업입니다.

농업 혁명, 산업 혁명, 정보 혁명은 해당 산업의 대량 생산을 가능하게 하면서 그 시대의 주류 산업을 바꾸는 역할을 했습니다. 보통 산업 혁명이라 불리는 1, 2차 산업 혁명이 제조업의 대량 생산이었다면, 정보 혁명에 해당하는 3차 산업 혁명과 요즘 화두가 되는 4차 산업 혁명은 서비스업의 대량 생산화입니다.

농경시대는 자연에서 재배하거나 채취한 생산물이 그대로 상품이 되는 시대였습니다. 산업시대는 1차 산업의 생산물은 가공되어야 제대로 된 상품으로 인정받는 시대였으므로 제조능력을 갖추어야 하는 제조업이 핵심이었습니다. 그리고 서비스 시대인 지금은 2차 산업 생산물에 서비스적인 요소가 들어가야 제대로 된 상품으로 인정받을 수 있는 시대가 되었습니다.

비즈니스적인 관점에서 산업의 변화를 본다면 농경 시대엔 농사만 잘 지어도 충분히 비즈니스를 할 수 있었습니다. 하지만 산업 시대가 되면서 기존의 1차 산업 생산자는 2차 제조업을 위한 원료 하청 업자로 전락합니다. 그리고 3차인 서비스 시대로 넘어가면서부터는 제조만 하던 생산자가 서비스업에 제품을 공급하는 하청 업체로 변해갑니다.

그래서 지금은 단순 제조만으로는 성공할 수가 없습니다. 다시 말하면, 제조업은 서비스업으로 변신해야만 살아남을 수 있는 시대가 되었습니다.

여기서, 서비스적 요소란 기본 제품을 공급하는 것 이외에 해당 제품을 고객이 사용하는 데 있어 필요한 모든 요소들을 다 포함합니다.

상품을 전달 유통하는 배달 서비스, 지속적으로 잘 사용하도록 도와주는 유지보수 서비스, 제품을 잘 쓸 수 있도록 정보를 제공하는 고객지원 서비스, 구매를 도와주는 금융 서비스(할부, 렌탈, 적립 등), 사용 완료한 한 제품을 버리는 데 필요한 리사이클 서비스 등등.

이처럼 다양한 서비스가 무상 혹은 유상으로 제공되어야 고객이 해당 물건을 제대로 사용하고 선택할 수 있습니다. 한마디로 고객이 상품을 통해 제대로 된 밸류, 가치를 경험할 수 있도록 도와주는 모든 요소들이 상품 패키지 안에 포함되어 있어야 합니다.

이 같은 서비스업의 비중은 점점 커져만 가고 있습니다. 단순히 좋은 제품을 생산한다는 생산자 마인드로는 비즈니스가 성립되기 어렵습니다. 그 마인드를 바꾸지 않으면 고객에게 최대한 가까이 있는 서비스업을 위한 하청 업체로 전락할 수밖에 없습니다.

지금 제조업을 하는 모든 사업자는 자신의 사업 정체성을 서비스업으로 설정해야 합니다. 그렇게 할 때, 급격하게 변화하는 4차 산업 혁명의 시기에 지속 가능한 비즈니스를 할 수 있습니다.

마케팅이 중요해지는 이유, 고객 시스템이 중요해지는 이유도 바로 이러한 시대 변화 때문입니다.

이제 제조업은 사라지고 서비스업만 남을 것입니다.

③

훈련하기

21
성공을 결정하는 건,
아이템이 아니라 창업가의 태도이다.

마케팅 진단 미팅을 하다 보면 창업가들이 자주 하는 질문이 하나 있습니다.

"전문가가 보시기에 제 사업 아이템이 어떤 것 같나요?"

"이 아이템이 잘 될 것 같나요?"

"아무래도 이 아이템은 사업성이 없는 것 같지 않나요?"

"어떤 아이템이 좋을까요?"

안타깝지만 사업의 승패는 아이템으로 결정 나지 않습니다. 사업 아이템이란 소개팅 할 때의 대화 소재에 해당합니다. 만약 연애라면 데이트 코스 정도에 불과합니다.

대화 소재 하나 잘 잡았다고 해서 소개팅이 갑자기 성공하는 경우는 없습니다. 마찬가지로 데이트 코스가 하루 실패했다고 연인과 바로 헤어지는 경우도 없습니다.

대화가 문제였다면 상대방은 전혀 관심 없는데 자기만 아는 소재를 가지고서 주구장창 떠들다가 차이는 경우일 거고, 데이트가 문제였다면 내가 좋아하는 코스로만 계속해서 다니다가 헤어진 경우일 겁니다.

이런 경우라면 실패의 진짜 원인은 대화의 소재나 데이트 코스가 아니라 만남을 대하는 태도 때문입니다. 상대방에게 관심이 없거나, 상대방 얘기를 흘려버리거나, 상대방을 전혀 배려하지 않는 태도가 문제인 거지 대화의 소재가 문제가 되는 것은 아닙니다.

사업도 마찬가지입니다. 첫 아이템을 집어 들었는데 고객의 반응이 없으면 조금 바꿔서 제안해보고, 또 약간 다듬어서 제안해보고, 그러면서 고객이 어떤 걸 좋아하는지 찾아가는 과정이 사업입니다. 그 과정에서 성공 여부를 결정하는 건 아이템이 아니라 창업가의 태도입니다.

"고객에 대한 관심이 있는가?"

"고객의 얘기를 잘 수용하는가?"

"고객을 배려하고 있는가?"

이러한 태도가 결국은 승패를 결정합니다.

우리가 창업 과정에서 해야 할 일은 꾸준히 고객과 접촉하면서 이러한 역량을 키우고 다듬어 가는 것입니다.

마케팅의 본질, 나아가 사업의 본질은 '대화'와 '관계'라는 것 절대 잊으면 안 됩니다.

22

사업은 신박한 개편이 아니라
작은 수정의 반복이다.

사업가가 자주 범하는 실수 중 하나는 대대적인 개편입니다.

사업을 하다 보면 갑자기 뭔가 한 번에 정리되는 것 같은 순간이 올 때가 있습니다.

"아! 이렇게 하면 문제가 해결되겠다."

"이러면 대박 나겠다."

"이 방법 외엔 다른 방법이 없어."

"이걸 왜 이제서야 알았지?"

이렇게 신박한 생각이 떠오르고 또 엄청난 확신이 생기면 빨리 적용해보고 싶어집니다. 한시라도 늦어지면 엄청난 손해를 볼 것 같습니다. 그러면 대대적인 개편에 들어갑니다.

여기저기 손볼 것도 많고 이젠 비즈니스도 좀 제대로 해봐야지 하는 생각도 들고, AB 테스트도 필요 없는 너무도 당연한 일이란 생각도 듭니다. 그런데 이런 순간이 바로 페이스를 잃는 순간입니다.

비즈니스는 마라톤입니다. 마라톤을 뛰는 선수가 갑자기 힘이 뻗친다고 속력을 확 내버리면 결국 중간에 지쳐 완주를 못하게 됩니다.

마라톤에서는 페이스를 지키는 것이 가장 중요합니다. 일정한 페이스로 뛰는 루틴을 반복하는 것, 그것이 쌓여야 결승점을 통과할 수 있습니다. 여기에 루틴의 효율마저 높이게 되면 전체적인 기록도 향상됩니다.

사업도 마찬가지입니다. 순간적인 인사이트나 아이디어가 핵심이 아닙니다. 갑자기 멋진 생각이 떠오른다고 사업 방향을 확 바꿔버리면 안 됩니다.

인사이트나 아이디어가 떠오르면, 그걸 내 사업의 어떤 부분에 적용할 것인가를 생각해야 합니다. 딱 필요한 지점을 찾아 그곳만 적용해야 합니다. 그리고 그로 인해 내 비즈니스 모델의 어떤 부분이 어느 만큼 좋아지는지 예측해 보아야 합니다.

사업은 돈 버는 시스템을 만들고 운영하는 것입니다. 창업을 막 했을 때는 그리고 아무것도 없을 때는 어떤 생각이든 무조건 행동으로 옮기는 것이 중요합니다. 그래서 간단히 스케치만 하고 일단 삽질을 시작해야 합니다. 하지만 기본적인 시스템이 완성되고 시스템이 돌기 시작해 단계별로 전환률 데이터가 나오고부터는 대대적인 변화 대신 꼭 필요한 지점만 정확하게 찾아서 수정을 해야 합니다. 이때부터는 루틴 즉, 반복이 중요해집니다.

자전거든 자동차든, 핸들을 한 번에 확 꺾어 버리면 넘어집니다. 방향 전환을 하더라도 조금씩 방향을 틀면서 움직여야 합니다.

대대적인 개편이 아니라 작은 수정의 반복입니다.

사업에는 우리가 예측할 수 없는 수많은 변수가 있습니다. 아무리 뛰어난 아이디어도, 현재 돌아가고 있는 시스템에서는 작게 쪼개서, 작은 검증을 반복하며 변화를 줘야 합니다.

대대적인 개편을 시행했다가 기대와 다른 결과를 얻게 되면 그 규모만큼 손해를 보게 됩니다. 때로는 복구할 수 없는 결과에 직면하기도 합니다.

작은 시행착오의 반복과 작은 수정의 반복, 움직이는 시스템에서 변화하는 방법입니다.

23

공부하지 말고 검색해라.
우선 실행하고 막히면 검색해라.

한동안 제게 코칭을 받던 CEO 분이 있었습니다.

어느 날 "다시 열심히 공부하겠다, 공부할 게 많아졌다"고 말씀하십니다. 아마도 하고 있던 사업에 진척이 생겨서 추가로 했으면 하는 일들이 보이셨나 봅니다.

이처럼 사업을 하다 보면 늘 새로운 일이 생깁니다. 하나를 해결하면 또 다른 일이 펼쳐지지요. 늘 새로운 일이 생긴다는 건 내 사업이 발전하고 있다는 것을 뜻합니다. 한마디로 반가운 일입니다. 그러면서 동시에 새롭게 배워야 할 일도 함께 생깁니다.

배우기 위해서 우리가 생각하는 방법은 '공부'입니

다. 공부하기 위해 우리는 관련 책을 찾아 읽거나, 관련 교육 과정을 찾아보고 수강합니다. 공부가 그런 것이라 배웠고, 초등학교부터 해서 12년 이상을 그렇게 공부해왔으니 어찌 보면 당연합니다.

하지만 사회에 나와서 해야 하는 공부, 특히 창업의 길, 오너십의 길로 들어섰을 때는 해야 하는 공부가 좀 달라야 합니다. 그리고 시대에 맞는 방법으로 공부해야 합니다.

인터넷이 없던 시절에는 공부하면서 자신을 성장시키는 과정이 대부분 아래와 같았습니다.

1) 지식 축적 활동에 많은 시간을 할애한다.
2) 얻은 지식으로 일하면서 깨우침을 얻는다.
3) 깨우침을 익혀 내 것으로 만든다.

헌데, 인터넷 시대에는 지식 축적 과정이 사라져 버렸습니다. 무슨 얘기냐 하면, 이제는 검색만으로도 충분히 지식을 얻을 수 있는 세상이 되었고, 무엇보다 머리에 담아둔다 한들 조금만 지나면 올드한 지식이 돼버려 축적의 의미가 사라졌습니다.

따라서 이제는 공부의 방법과 순서가 바뀌어야 합니다. 제가 제안하는 방법은 아래와 같습니다.

1)할 일을 찾아 실행하면서 깨우침을 얻는다.
2)그 과정에 지식이 필요하면 '검색'을 활용한다.
3)실행을 반복하여 내 것으로 만든다.

이렇게 하면 내가 어떤 일을 시작하기 위해 미리 책을 찾아 읽고 교육 과정을 듣고 하는 일이 필요 없어집니다. 어떤 일인지 간단히 스케치만 하고 바로 실행에 들어갈 수 있습니다.

그러다 막히는 부분이 생기면 검색을 통해서 해결해 나갑니다. 블로그나 유튜브 등의 짧은 강의를 활용하고 부족하다 싶으면 원포인트 레슨이나 강의, 서적 등을 추가로 활용하면 됩니다.

다시 한번 강조하지만 실행으로 내 몸에 익히는 과정이 중요합니다.

단어가 가진 힘이 참으로 무섭습니다. 우리가 너무

나 일상적으로 쓰다 보니 그 말 속에 내 생각이 갇혀 있다는 것을 못 느낍니다. 제가 '광고'라는 단어를 쓰지 않고, '모집 공지'라는 단어를 쓰는 것도 이 때문입니다.

공부도 마찬가지입니다. 뭔가를 배운다는 의미 안에 갇히게 되면 실행을 자꾸 미루게 됩니다. 공부하겠다고 생각한 순간, 학창 시절 했던 책 읽고 밑줄 긋고 하던 습성으로 자꾸 돌아갑니다. 그러고는 '공부=준비'라 생각하고 자꾸 실행을 늦추게 됩니다.

그래서 저는 공부 대신 '검색'이란 단어를 쓰려고 노력합니다. 실행하다 막히면 검색을 하는 것입니다. 유튜브를 검색하고 책을 검색하는 것입니다.

공교육에 세뇌된 취업 패러다임은 틀리면 안 되는 공부와 준비를 강조하는 직장인 마인드였습니다. 하지만 창업 패러다임은 시행착오를 반복하며 시스템을 만드는 주인 마인드입니다. 취업 패러다임이 '실행 전에 공부하고 준비하자'라고 한다면, 창업 패러다임은 '일단 실행하고 막히면 검색하자'입니다.

내 판을 짜기로 한 이상, 주인의 길로 들어서기로 한

이상, 실천을 통해 체화(내 몸에 익히는 것)하는 것이 진짜 공부입니다.

이제는 실행하면서 익혀야 하는 시대입니다. 지식은 큰 의미가 없으며 지혜가 필요하고 통찰력이 필요하며 스스로 깨우치는 것이 필요한 시대입니다. 실행을 통해서만 얻을 수 있습니다.

이제 새로운 것을 만나면 공부한다고 생각하지 말고, 검색한다고 생각해 봅시다.

24

사업은 가설과 검증의 반복이다.
감과 데이터, 두 개의 날개로 날아야
멀리 오래갈 수 있다.

카페에 아이스크림 기계를 공급하는 사업을 하시는 분을 코칭한 적이 있습니다. 마케팅 모델 설계를 마친 후, 모집 공지를 시작한 지 한두 달 만에 신청이 들어오고 재구매까지 생기면서 창업 3단계인 완성 단계로 접어드신 분이었습니다. (시스템을 설계하는 것이 1단계, 시스템을 테스트하는 것이 2단계, 시스템이 완성되는 단계가 3단계입니다.)

이분은 당시 제가 코칭하던 다른 분들보다 사업 속도가 빠른 분이었습니다. 그러던 어느 날 이번에는 다른 아이템을 해보고 싶다고 하더군요. 아이스크림이 계절 상품의 성격이 있으므로 겨울에 팔 수 있는 다른 상품을 세팅해야 할 것 같다고 했습니다. 그러면서 아이스크림 기계 모집 공지는 잠시 중지하고, 다른 상품 준비에 들어갔습니다.

저는 데이터를 함께 확인해보자고 했습니다. 그런데 생각과 달리 주문은 하나도 줄지 않고 계속 들어오고 있었습니다. 여름이 다 지났는데도 주문은 끊이지 않고 있었습니다. 겨울에는 아무래도 아이스크림 수요가 떨어질 테니 기계에 대한 주문도 없을 것으로 생각하고 다른 상품을 준비 중이었는데, 거래 데이터는 그와 정반대였습니다. 그래서 기존에 하던 모집 공지는 그대로 유지하고, 단골 고객을 모아 둔 네이버 밴드에서 새 아이템을 테스트해보기로 했습니다.

사업을 시작할 때 가장 중요한 것은 '감(感)'입니다. 어떤 사업을 하든 언제, 어떻게 시작해야 하는지 아는 것은 매우 중요한 일입니다. 창업가 중에는 감, 즉 직관력이 뛰어난 분들이 사업을 잘합니다.

그런데 너무 감만 믿고 사업을 하다 보면 한계에 부딪히는 경우가 있습니다. 어느 정도까지는 사업이 커가는데 일정 규모 이상은 커지질 않고 계속 쳇바퀴만

도는 경우입니다. 그 이유는 검증 즉, 상황 판단의 방법이 틀렸기 때문입니다.

이번 경우도 비슷합니다. 감으로 상황 판단을 한 케이스입니다. 겨울이 되면 아이스크림이 안 팔릴 것이다, 아이스크림은 여름에만 잘 팔릴 것이다, 이렇게 생각한 겁니다. 이건 상식이고 맞는 얘기일 수 있습니다. 하지만 실제 데이터는 그렇지 않았습니다.

상식이란 일종의 고정 관념이고 과거의 경험이 축적된 것입니다. 세상은 변하고 사람도 변합니다. 특히 지금처럼 급격한 변화의 시기에는 과거의 경험이 잘 맞지 않는 경우가 훨씬 많습니다.

또 내가 경험하지 못한 것에 대해서는 당연히 감이 있을 수 없습니다. 따라서 감에만 의존하게 되면 내가 모르는 상황은 적응하기 어렵고, 내가 모르는 시장이나 분야로의 확산도 쉽지 않습니다.

그래서 검증이나 상황 판단은 반드시 데이터(Data)를 기반으로 하는 습관이 필요합니다.

가설을 세우는 데는 감이 중요하고, 인사이트가 필요하지만 검증을 하는 데에는 데이터가 있어야 합니다. 가설과 검증을 감으로만 하게 되면 시작은 쉬우나 지속성과 확장성은 떨어집니다. 반대로 데이터로만 가설을 세우려 하면 시작이 어렵고 방향 잡기가 쉽지 않습니다.

그래서 가설을 세울 때는 고객에 대한 느낌과 인사이트 즉, 감으로 하고 검증과 상황 판단은 반드시 데이터로 해야 합니다.

오너는 항상 고객에 대한 감을 유지하기 위해 고객과 정기적으로 접촉해야 합니다. 고객을 알고 수용하고 하나가 되는 과정을 끊임없이 반복해야 합니다. 그리고 정확한 상황 판단을 위해서는 고객 데이터, 거래 데이터 등의 지표를 정기적으로 확인하고 파악해야 합니다.

사업이란 가설과 검증의 반복입니다. '감'과 '데이터'의 두 날개로 날아야 멀리, 오래, 더 넓게 갈 수 있습니다.

25
측정하기 어려운 고객 인식에 돈 쓰지 말고,
측정할 수 있는 고객 행동에 집중하라.

제게 컨설팅을 받고 있는 모 회사 대표님이 언론 인터뷰를 한 적이 있습니다.

그 대표님은 인터뷰 기사가 나간 후 주변에서 기사를 봤다는 반응도 좀 있고 그 때문에 연락도 좀 오고 해서 언론 노출 효과가 있는 것 같다고 했습니다. 그 회사는 이제 비즈니스 시스템이 어느 정도 완성되어 창업 단계는 지났고, 신규 유입을 본격적으로 늘려야 하는 경영 단계에 접어든 상황이었습니다.

저는 유입을 늘리기 위해서는 타겟 풀(매체)을 늘려야 하므로 새로운 고객 유입 풀로 전통 미디어를 활용해도 좋겠다고 했습니다. 그래서 정기적으로 보도 자료를 배포하는 것도 고려해보자고 의견을 냈습니다.

실제로 인터뷰 기사가 나간 후, 신규 유입이 얼마나 늘었는지 데이터를 살펴보았습니다.

언론 기사를 통한 유입은 광고 유입과 구분되는 오가닉 유입에 해당하므로 광고(유료 노출)를 통한 유입량은 제외하고 보았습니다. 그러나 아쉽게도 결과는 '신규 고객 유입 효과는 거의 없다'로 나왔습니다. 보통은 이런 경우, PR 회사나 광고 회사는 '잠재 고객을 대상으로 인지도가 올라갔다'고 종종 표현합니다.

사실 인지 효과는 대표 주변에서 가장 먼저 나타납니다. 아는 사람이 나오니 반가워 오랜만에 연락을 해올 테고, 직원들도 우리 회사가 기사로 나오니 뿌듯했을 거고, 투자자도 늘 그 회사를 검색을 할 텐데 관련 기사가 나오니 듬직했겠지요. 하지만 고객은 반응이 없습니다.

고객의 밸류와 경험 상품 그리고 Call to Action(클릭을 유도하는 장치)이 잘 디자인된 보도 자료와 기사가 아닌 이상, 마케팅에서 효과를 얻기란 쉽지 않습니다.

목표가 투자자를 위한 IR(Investor Relations, 투자 유치 활동)이거나 사내 커뮤니케이션의 일환이라면 단순 언론 노출이 의미가 있겠지만, 마케팅 차원이라면 작은 회사 역량으로 그 효과를 측정하기는 무척 어렵습니다. 그래서 단순히 고객 인지도를 올리기 위한 언론 노출은 고려하지 않는 것이 좋습니다.

또 다른 케이스인데, 광고(유료 노출)를 집행한 후 네이버와 페이스북의 전환율 차이가 크게 난 적이 있었습니다. 즉, 페이스북에서는 거의 전환이 일어나지 않고 네이버에서는 전환이 잘 일어난 경우입니다.

그 회사는 처음에 이렇게 생각했습니다.

"페이스북은 주로 모바일로 보는데, 모바일로 방문하면 경험하기 번거로우니 페이스북에서 바로 전환되지 않더라도 기억하고 있다가, PC에서 네이버로 검색해서 들어오는 것 같다. 따라서 아예 효과가 없지는 않을 것이다."

이 추측이 맞을 수도 있지만 사실 특별한 근거는 없습니다. 결과를 측정할 수 없기 때문입니다.

이상의 두 가지 사례에서도 알 수 있듯 어떤 마케팅

활동을 하고 나서도 그 효과를 측정할 수 없는 경우가 무척 많습니다. 그동안 이런 효과 측정이 어려운 경우 그냥 인지도 상승이라고 말했습니다. 열독률(신문)과 시청률(TV)을 근거하여 몇 사람에게 몇 번 노출되었으니 인지도가 얼마 올랐다 하는 식으로 가설에 근거한 효과 측정을 했습니다.

이를 좀 더 정확히 하기 위해 예산이 풍부한 대기업들은 별도의 전문 기관을 활용해 인지도 조사를 하기도 했지만, 대부분 회사는 조사 비용이 감당 되지 않아 그냥 감에 의존하는 광고와 홍보를 계속해왔습니다.

하지만 이제는 모든 것이 측정되는 시대입니다.

한 10년 전쯤, 어느 글로벌 기업에서 근무하는 분에게서 들은 얘기인데요, 매출에 영향을 미치지 못하는 프로모션은 그다음 해에 예산 배정도 받을 수 없다고 합니다. 그래서 너무 마케팅하기 힘들어졌다고 하더군요.

엄청난 예산을 운용하는 글로벌 기업도 그럴진대 하물며 작은 회사는 더 말할 필요도 없겠죠.

측정할 수 없는 활동은 할 필요가 없습니다. 측정할

수 있는 활동만 하기에도 자금과 시간이 부족합니다.

마지막으로 한 가지 더 당부하자면 측정을 위해선 기록이 중요합니다. 그 기반으로 마케팅 시스템을 구축해야 합니다. 일반 기업에서 CRM 시스템이나 웹/앱 서비스에 모니터링 시스템을 붙이는 이유가 바로 이 때문입니다.

측정하기 어려운 고객 인식(인지도)에 돈 쓰지 말고, 측정할 수 있는 고객 행동에 집중하십시오.

26

책이 아니라 고객을 읽어라.
트랜드도 아이디어도
고객의 소리에서 나온다.

사업을 하다 보면 어디로 가야 할까? 어떻게 난관을 뚫어야 할까? 이런저런 고민에 부딪힐 때가 있습니다.

그럴때면 서점에 가서 이 책 저 책 뒤적이게 됩니다. 그리고 주변 분들에게도 다양한 조언을 구합니다. 시장을 알고 트랜드를 알기 위해 더 많은 책을 읽기도 합니다. 하지만 이렇게 하면 정확한 해법을 찾을 수 있을까요?

비즈니스는 대화입니다. 고객과 나누는 대화입니다. 대화를 잘하려면 상대방을 잘 알아야 합니다. 성격은 어떤지, 취향은 뭔지, 요즘은 어디에 관심이 많은지,

고민은 뭔지, 이런 것들을 잘 알아야 제대로 대화를 풀어갈 수 있습니다.

고객과의 관계가 틀어지거나 대화가 막히는 이유는 고객이 원하는 것을 제대로 제공하지 못했기 때문입니다. 아무리 아는 것이 많고, 지식이 풍부하고, 이야깃거리가 넘쳐도 상대방을 모르면 독백이 되고 연설이 될 뿐입니다. 잠시 관심을 끌 수는 있어도 관계를 지속할 수는 없습니다.

비즈니스의 해답은 고객에게 있습니다. 그래서 책을 읽는 것보다는 고객을 읽는 것에 더 집중해야 합니다. 고객을 읽다가 이해가 안 가는 것이 있으면 그때 검색을 하거나 필요한 책을 읽어야 합니다.

고객이 교과서이고, 책과 검색은 참고서일 뿐입니다.

고객을 읽는 방법 중 하나는 CS 파트에 올라온 고객의 소리(VoC, Voice of Customer)를 듣는 것입니다. 고객의 불만이나 의견은 빨리 처리해버려야 할 사항이 아니라 내 사업의 교과서입니다.

오너라면 아침에 일어나서 경을 읽듯 고객의 소리를

매일 읽어야 합니다. 거기에 우리 사업의 방향이 있고, 내년의 트렌드가 있으며, 답이 있습니다.

CS는 내 회사의 자산이고, 보고입니다. 책보다는 고객을 먼저 읽어야 합니다. 매일매일 반복해서 일상 습관처럼 그렇게 해야 합니다.

27

비즈니스는 흐름이다.
고객의 흐름, 자연의 흐름,
세상의 흐름을 알아야 한다.

명절이 오고, 연휴가 오면 직장인들은 즐겁지만 오너들은 마냥 즐겁지 않습니다. 구독 모델이 아닌 한, 휴일은 돈을 벌 수 없는 날이란 뜻이기 때문입니다. 그래서 설 연휴가 있거나 날짜가 짧은 2월, 추석 연휴가 있는 9월이나 10월은 그리 반가운 달이 아닙니다. 하지만 이것도 일상의 리듬이니 잘 활용할 필요가 있습니다. 물론 대비도 필요하구요.

비즈니스에서는 시즌을 인식하고 관리하는 것이 중요합니다. 마케팅 시스템 즉, 비즈니스 시스템은 흐름을 만들어 내는 것이라 할 수 있습니다. 고객의 흐름을 만들고 그 흐름으로 인해 고객의 상태를 변화시키는 것이라 할 수 있습니다.

다시 말해, 나를 전혀 모르던 일반인을 나와 하나가 되는 단골 고객의 수준으로 변화시키는 것을 말합니다. 이 과정에서 그들의 행동이 바뀌고, 그로 인해 사회도 변하고, 결과적으로 내가 바라는 세상이 되도록 합니다. 좀 거창하지만 그것이 우리가 사업을 하는 진짜 이유입니다.

움직임을 일으키고 흐름을 만들어 내기 위해서는 더 큰 흐름을 아는 것이 중요합니다. 그것이 바로 '시즌'입니다. 하루의 흐름, 한 주의 흐름, 한 달의 흐름, 나아가 일 년의 흐름. 내 고객의 하루 일상은 어떻게 흘러가는지, 한 주의 일과는 어떻게 흘러가는지를 아는 것이 중요합니다.

저수지의 수문을 관리하는 사람이 기후를 살펴 우기와 건기, 폭우와 가뭄에 따라 수량을 조절하듯, 사업가도 고객과 세상의 흐름을 잘 살펴 저수지에 해당하는 타겟 풀을 관리하고, 물을 퍼 올리는 모집 공지와 랜딩 페이지를 조절해야 합니다. 그러면서 중간 중간 유속을 조절하며 단골 상품과 단골 풀에 있는 수량도 함께 조절해야 합니다. 내 자금 흐름에 미치는 영향도 파악하고 물이 마르지 않게, 반대로 감당할 수 없는 물이 들어와 수로가 망가지거나 흘러넘치지 않게 잘 관리하는 것이 필요합니다.

비즈니스는 흐름입니다. 흐름의 시작은 박동, 즉 움직임입니다. 마케팅 시스템에선 펌프, 즉 모집 공지가 박동이 되겠지요.

창업이 어렵다고 하는 이유는 움직임을 처음 만들어야 하기 때문입니다. 하지만 한번 움직임이 만들어지고 흐름을 타기 시작하면 그 흐름만 잘 지켜도 됩니다.

움직임을 만들어내고 움직임이 유지되기 위해 가장 중요하게 해야 할 일은 고객, 자연, 세상의 흐름을 파악하고 내 시스템의 흐름이 지속해서 유지되도록 모니터링하는 것입니다.

흐름을 만들고 파도를 만들고 그 위에서 서핑도 즐기는 그런 일상이 되면 좋겠습니다.

28

성과가 안 나오는 건 능력 부족 탓이 아니라,
방법을 못 찾았거나 실행을 안 했기 때문이다.

사업을 처음 하는 분이든, 오랫동안 해온 분이든 예상했던 성과가 안 나오면 멘탈이 흔들릴 때가 있습니다. 이때는 보통 매출이 안 나오거나 단골이 갑자기 떠나거나 하는 경우입니다. 하지만 스스로 자책하거나 자괴감을 느낄 필요는 없습니다. 왜 그런지 하나씩 짚어보도록 하겠습니다.

보통 신규 매출이 안 나오는 이유는 단순합니다. 모집 공지의 노출이 제대로 안 되었거나, 공지의 클릭률이 줄었거나, 랜딩 페이지의 설득력이 떨어졌기 때문입니다. 한마디로 마케팅 시스템 앞부분 어딘가에 문제가 생겼기 때문입니다.

문제를 찾았으면 바로 해결을 해야겠죠? 그런데 문제를 알았는데도 해결이 안 될 때가 있습니다. 그 이유는 다음의 세 가지 때문입니다.

1)제대로 된 문제 해결 '방법'을 찾지 못했거나
2)알아낸 방법대로 '실행'하지 않았거나
3)알아낸 방법을 실행할 '역량'이 부족했거나

이중에서도 우리의 멘탈을 흔들게 하는 것은 바로 3번입니다. 자신의 능력이나 역량 부족을 문제의 원인으로 생각하기 때문입니다.

하지만 비즈니스 성과를 이루는데 어떤 사람의 능력이나 역량이 끼치는 영향은 아주 미미합니다. 오히려 대부분의 원인은 아직 제대로 된 방법을 찾지 못했거나, 실행을 제대로 하지 못한 데에 있습니다.

사실, 비즈니스에서 어떤 성과를 얻는 데 필요한 기본 역량은 아주 단순하고 사소한 것들입니다. 서로 대화를 나눌 수 있는 기본적인 소통 능력, 자기 생각을 표현할 수 있는 기본적인 표현 능력 그리고 자기 몸과 마음을 기본적으로 통제할 수 있는 능력이면 됩니다.

말이 거창해 보이지만 좀 더 간단하게 말하면 말할 줄 알고, 글 쓸 줄 알고, 약속 지킬 줄 아는 능력입니다. 비즈니스의 본질이 대화이므로 기본적인 소통 능력만 있으면 누구나 성과를 얻을 수 있습니다.

그런데 소통 능력도 갖추고 제대로 실행을 했는데도 불구하고 성과가 나지 않았다? 그건 아직 제대로 된 방법을 찾지 못한 것입니다. 그러니, 내 역량이나 능력을 탓하지 말고 제대로 된 문제 해결 방법을 찾고 실천하는 것에 집중하면 됩니다.

기존 고객의 불만이나 단골 이탈도 같은 관점에서 보면 길이 보입니다. 고객의 평가를 있는 그대로 받아들이고, 내가 뭘 바꾸면 될지를 생각하는 것이 중요합니다.

나는 열심히 실행했는데 결과가 아직 안 나왔다면 고객을 만족시키는 제대로 된 방법을 찾지 못한 것입니다. 그걸 찾기 위해 좀 더 노력을 하면 됩니다. 내가 제공한 상품이나 서비스에 고객들의 불만이 있다면, 그

부분을 어떻게 보완할까 고민하면 됩니다.

서비스 중간 고객의 피드백이 제대로 취합되지 않아 고객이 떠났다면, 서비스 중간중간 고객 반응을 체크하는 프로세스가 없다는 것을 의미합니다. 그러면 고객 반응을 수시로 체크할 수 있는 프로세스를 만들어서 추가하면 됩니다.

항상 원하는 결과가 나오지 않을 때는 내가 능력이 없는가, 역량이 부족한가 고민하지 마시고 어디에 문제가 있는지를 찾아서 개선하는 습관을 들여야 합니다.

우선은 실행을 제대로 했는지 확인하고, 실행을 다 했는데도 결과가 안 나왔다면 프로세스 어디에서 문제가 생긴 건지 그걸 찾아서 개선하면 됩니다.

결과가 안 나왔다는 것은 시스템을 개선하라는 신호입니다.

첫술에 배부를 수 없습니다. 처음부터 제대로 된 프로세스를 가지고 시작하는 사람은 없습니다. 그저 반복해서 틀린 부분을 고쳐가며 제대로 된 나만의 비즈니스 시스템을 만들어가는 것이 중요합니다. 그것이 창업이고 사업입니다.

능력이 아니라 실행과 방법(프로세스)에 집중하십시오. 그러면 멘탈은 덜 흔들립니다.

이 사업이 되는 걸까 고민하지 말고, 되게 하는 방법을 찾으려고 노력하세요.

답은 why가 아니라 where에 있습니다.

29

꾸준히 한다는 것은
안 빼먹고 계속하겠다는 것이 아니라
꾸준히 시도하겠다는 것이다.

코칭을 하다 보면, 많은 창업가분들이 코칭한 대로 사업이 잘되지 않아 저에게 미안해하는 경우가 종종 있습니다. 그럴 때 보통 많이 하시는 표현이 있습니다.

"좀 더 노력했어야 했는데."

"앞으로 더 열심히 해 보겠다."

"노력해야 하는데, 참 안된다."

우린 늘 열심히 해야 하고 노력해야 한다고 생각합니다. 그리고 그게 안 되면 참 많이 힘들어합니다. 근데, 늘 그렇게 노력할 필요는 없습니다. 오히려 노력하면 더 안 될 때도 있습니다. 열심히 하려고 했다가 더 일을 망치는 경우입니다.

김연아 선수의 예전 인터뷰 중 기억나는 것이 있습니다. '김연아가 스트레칭 할 때 하는 생각'이란 짤로 인터넷에 많이 돌아다닌 내용입니다.

"스트레칭 할 때 무슨 생각 하면서 하나요?"

"무슨 생각을 해요. 그냥 하는 거지."

그냥 하는 것. 굳이 노력하려고 애쓰지 않고 그냥 하는 것. 이런 생각이 필요합니다. "난 왜 안될까?" "난 왜 노력하지 못할까?" 그렇게 고민하지 말고 지금의 나를 있는 그대로 받아들이는 게 중요합니다.

"아, 내가 못했구나" "내가 넘어졌구나" "내가 빼먹었구나" 그렇게 확인하고 그냥 다시 하면 됩니다. 왜 못했는지, 왜 빼먹었는지 분석할 필요도 없습니다. 어떻게 매번 잘할 수 있나요?

잘 하려고 했는데 못한 것은 점프 연습을 하다 넘어지는 것과 똑같습니다. 점프 연습을 하다 보면 넘어지는 게 정상입니다. 그렇게 점프 연습을 계속해서 하다 보면 어느 순간 자연스럽게 점프가 됩니다.

해야겠다고 마음먹은 것, 모집 공지를 꾸준히 올리

겠다고 마음먹은 것, 마케팅 지표를 빼먹지 않고 꾸준히 입력하겠다고 마음먹은 것, CS 데이터를 매일 읽겠다고 다짐한 것 등등.

이런 것들은 빼먹는 게 정상입니다. 빼먹은 걸 알아챘으면 다음엔 그냥 다시 하면 됩니다. 노력하고 열심히 하려고 하기보다는 그저 꾸준히 하겠다고 생각하면 됩니다.

꾸준히 한다는 것은 안 빼먹고 계속한다는 것이 아니라 꾸준히 시도하겠다는 것을 의미합니다. 그러니 실수하고, 실패하고, 넘어지고, 빼먹고 하더라도 또다시 시도하면 됩니다.

작심삼일이라고 자책할 필요도 없습니다. 그냥 하면 되니까요. 굳이 작심할 필요도 없습니다. 아침에 해가 뜨고, 저녁에 해가 지듯 내가 하기로 한 일을 그냥 하면 됩니다.

그러다 보면 습관이 되고, 몸에 익게 되고, 루틴이 되고, 시스템이 됩니다.

노력하지 말고 그냥 합시다. 될 때까지.

30

스트레스 없이 매출을 올리려면,
팔려 하지 말고 팔리는 프로세스를 만들어라.

JTBC 예능 프로그램인 《아는 형님》에 4년 만에 컴백하는 '브아걸(브라운아이드걸스)'이 출연한 적이 있습니다.

방송 중, 한 출연자가 "나르샤는 연습생으로 들어오기 전, 옷가게에서 알바를 하고 있었다"고 하니, 강호동이 "분명히 매출을 많이 올렸을 거다"라고 말합니다. 나르샤가 맞장구를 치면서 "매출 많이 올렸죠. 근데 전 판매를 하진 않았어요. 고객과 대화를 주로 했죠"라고 대답하는 장면이 나옵니다.

보통 장사나 영업을 잘하는 사람들이 자기는 판매하

지 않는다. 고객이 사게 하지. 이런 얘기를 많이 합니다.

사업 초보로서는 참 이해하기 힘든 얘기입니다.

누구나 제일 힘들어하는 게 영업이고 매출 올리기입니다. 당연히 오너들도 가장 고민이 큰 것이 매출입니다. 그래서 본인도 열심히 뛰고 직원들을 압박하기도 합니다. 하지만 매출이라는 게 마음처럼 되는 게 아닙니다.

시스템을 강조하는 이유가 바로 여기에 있습니다.

일하면서 저 역시도 제일 힘든 게 영업이었습니다. 어떻게 하면 영업을 하지 않고 매출을 올릴 수 있을까, 늘 고민했습니다. 하지만 매출은 생각만큼 올라오지 않았고, 항상 예측하지 못한 변수들이 생기고, 구매하겠다고 한 고객이 갑자기 캔슬하고, 한마디로 바람 잘 날이 없었습니다. 결국, 스트레스만 받았습니다.

이럴 때는 아무리 열심히 해도 잘 안되는 때입니다. 이때 할 수 있는 방법은 프로세스에 집중하는 것입니다. 확률이 높은 프로세스를 만들어 그걸 계속해서 반복하는 것입니다.

축구도 후방에서부터 하나하나 빌드업하면서 슈팅까지 나오는 프로세스를 계속해서 반복합니다. 그렇게 반복하다 보면 골도 나오고, 그 과정에서 실수가 적은 팀이 이기게 됩니다. 골을 넣으려고 여기저기 뛰어다니는 것보다 이렇게 하는 게 훨씬 유리합니다. 농구도 마찬가지입니다. 공수를 계속 바꿔가면서 각각의 프로세스에서 실수를 덜 하는 쪽이 이기더군요. 단순히 골을 많이 넣겠다고 뛰어다니는 게 아닙니다.

앞서 브아걸의 나르샤도 고객과의 대화에 집중했지, 다른 걸 이것저것 했다고 말하지 않았습니다. (나르샤는 비즈니스가 대화라는 사실도 너무 잘 알고 있었네요.)

마케팅 시스템이란 타겟 풀에 있는 잠재 고객을 내 가게로 유입시켜 내 상품을 경험하게끔 하고, 경험한 고객이 단골로 변할 수 있도록 조치를 하고, 그런 다음 단골이 지속적으로 밸류를 얻을 수 있게 각각의 프로세스를 잘 세팅한 후, 그 프로세스를 반복하는 것입니다.

그래서 오늘 구매가 몇 건 일어났는지, 오늘 몇 명에게 팔았는지, 오늘 매출 목표를 달성했는지 등을 따질 필요가 없습니다. 그리고 그걸 가지고 자신이나 직원들에게 압박을 가할 필요도 없습니다.

정해진 프로세스를 제대로 수행했는가? 빼먹거나 놓친 부분은 없는가? 소홀하게 진행한 부분은 없는가? 오히려 이런 걸 따지고 체크해야 합니다. 그래서 매출 목표 달성이 안 되면 직원 탓도 아니고, 내 탓도 아닙니다. 프로세스 탓입니다. 프로세스 어디가 고장 났는지 찾아서 고쳐야 합니다.

구매를 하고 안 하고는 고객 각자의 결정이고 상황입니다. 개별 고객의 생각이나 상황을 내가 통제할 수는 없습니다. 하지만 확률은 통제할 수 있고 프로세스도 통제할 수 있습니다.

내가 통제할 수 없는 부분보다는 내가 관리할 수 있는 부분에 집중해야 합니다. 내가 바꿀 수 없는 것에 에너지 쓰지 말고, 내가 바꿀 수 있는 것에 에너지를 써야 합니다. 그러면, 나도 직원들도 스트레스 없이 즐겁게 일 할 수 있습니다.

2부
사업 시스템을
만드는 습관

④

시스템이란

31

창업은 시스템을 창조하는 것,
태양계 하나를 만드는 일이다.

창업을 한다는 것은 시스템을 창조하는 행위입니다.
마치 태양계 하나를 만드는 것과 같습니다.

사업에는 여러 가지 시스템이 존재합니다. 회사와
고객 간의 관계를 기반으로 하는 시스템이 마케팅 시스
템이고, 회사와 직원 간의 관계를 기반으로 하는 시스
템이 조직 시스템입니다. 그 외에도 필요할 때마다 다
른 이해 관계자와의 관계 유지를 위한 시스템이 만들어
집니다.

시스템이 형성되려면 각각의 모듈이 독립된 존재로
있어야 하고, 서로가 서로를 인식하며 어떤 존재인지

어떤 역할인지 잘 알아야 합니다. 그래서 각자 모자란 것과 넘치는 것을 받아들여 서로 간의 간극을 메우는 작업이 필요합니다. 그러면 지속적인 소통과 교류가 순환되면서 하나의 시스템으로 융합이 됩니다.

다시 말씀드리면, 시스템의 핵심 개념은 세 가지입니다.

1)독립된 모듈
2)유기적 관계
3)계속적 순환

이건 자연계에서도 인간 세상에서도 우주에서도 볼 수 있는 일반적인 현상입니다. 하나하나 독립된 개체들이 있고 그 개체들이 서로 소통하며 유기적인 관계를 맺고 끊임없이 교류하며 계속 움직이는 것입니다.

태양계에도 독립된 행성이 있고 각각의 행성이 유기적인 관계, 즉 일정한 거리를 유지하기 위해 빛이나 중력 등의 다양한 에너지를 주고받으며 각자의 궤도를 돌고 있습니다.

인간계 또한 수많은 사람들이 있고 서로 관계를 맺으며 다양한 형태의 커뮤니케이션을 하고 교류가 끊임없이 이어지면서 사회나 문명이 생성하고 소멸합니다.

시스템을 인위적으로 만든다면, 그 출발점은 독립된 모듈입니다. 모듈간 어떤 관계를 형성할 것인지 설계한 후, 순환이 시작되면 시스템이 형성되고, 지속적인 성장과 유지가 가능하도록 관리해야 합니다. 그 과정에서 시스템의 구조도 진화하게 됩니다.

기업의 외부 시스템인 마케팅 시스템에는 고객과 기업이라는 독립된 모듈이 존재하고, 거래라는 관계를 맺습니다. 설계자인 창업가는 자신이 원하는 형태로 고객과 거래할 수 있도록 시스템 세팅을 합니다. 퍼널 모델, 엔진 모델이 바로 이 역할을 합니다. 이 구조가 세팅되면 계속해서 돌면서 필요한 고객만 모으게 됩니다.

이제 회사 안을 들여다보겠습니다.

내부 시스템인 회사 조직은 처음에는 제로 베이스에서 출발하므로 독립된 모듈 세팅부터 시작해야 합니다. 직원 한 명 한 명이 모두 독립된 모듈로 움직이면 좋겠지만 그게 안 되는 경우 팀 단위로 하나의 모듈을 만들기도 합니다.

각 모듈은 독립성을 갖추는 게 중요합니다. 독립성은 관계를 통해 발현됩니다. 그래서 처음에는 약간 어설프더라도 일단 구조를 만들어 놓고 계속 돌리는 것이 중요합니다.

즉, 완벽한 독립성을 갖춘 직원을 뽑으려 애쓰지 말고, 기본적인 자질을 갖춘 사람을 일단 채용하여 조직구조에 맞게 배치한 후, 업무를 하면서 독립된 모듈로 성장할 수 있도록 하는 것이 더 현실적이라는 얘기입니다.

실행이 중요하다고 하는 이유도 바로 여기에 있습니다. 시스템은 계속 돌면서 완성되어 가는 것이지 다 만들어 놓고 돌리는 것이 아니기 때문입니다. 그래서 간단하게 어떻게 갈 건지만 스케치해보고 바로 시작하는 것이 중요합니다.

제가 속해 있는 클론컨설팅에서는 마케팅 시스템 설계시 사용되는 마케팅 모델 캔버스(Marketing Model Canvas)를 만들어서 창업가분들을 코칭 할 때마다 함께 작성해 나가면서 시스템을 만들어가고 있습니다. 이 캔버스는 세밀한 기획안이라기보다는 간단한 스케치가 가능한 프레임워크입니다. (마케팅 모델 캔버스는 마케팅 모델 설계를 위해 사용되는 프레임워크로 프레임 차트와 엔진 차트 두 장으로 구성되어 있습니다. 자세한 내용과 사용법은 klon.kr 홈페이지를 참조해 주세요.)

어떤 프레임워크를 사용하든 일단 스케치부터 하고, 그다음에는 무조건 움직인다는 것 잊지 마세요.

멈추면, 시스템은 절대 완성되지 않습니다.

32
론칭이라는 말 함부로 쓰지 말자.
발사는 전체 시스템이 완성된 다음에야 가능하다.

창업가들과 상담하다 보면 '론칭(출시)'이란 단어를 자주 사용하는 걸 듣습니다.

"제품이 완성되었으니, 다음 달에 출시하려고 합니다."

"웹 사이트 수정이 끝나서 다음 주에 론칭하려고 합니다."

"출시 일정에 맞춰 홍보하려고 하는데 어떻게 하면 될까요?"

"출시 일정이 계속 늦춰져서 힘듭니다."

우리가 살면서 늘 접한 용어이기에 상품을 만들면 당

연히 출시해야 한다고 생각합니다. 사업은 거기서부터 시작된다고 생각합니다.

애플이 얼마 전 iOS14를 출시할 때, 그 베타버전은 이미 1년 전부터 오픈 되어 수많은 사용자들로부터 테스트를 거쳤습니다. 1년 동안 고객과의 시운전을 거친 후 정식 버전을 출시한 것입니다.

농심 같은 대기업도 새로운 라면을 출시하려면 신상품 개발팀에서 상품 개발도 하고, 시식회도 하고, 각종 조사와 검토를 거친 다음 출시합니다. 그리고 출시일에 맞춰 할인점, 편의점 등의 매대, POP 등 제반 준비 사항들을 다 확인하고 광고, 보도 자료, 판촉 행사 등의 프로모션 준비도 완료한 후 짠! 하고 내놓습니다.

이처럼 비즈니스가 자리 잡힌 대기업도 신상품을 출시할 때는 상품뿐 아니라 전체 비즈니스 시스템에 연관된 모든 요소들을 세팅한 후에 진행합니다. 관련해서 테스트 마케팅도 다 마친 후겠고요.

이미 비즈니스 시스템을 갖춘 곳에서도 새로운 상품을 올리는 데에 오랜 준비와 시운전을 진행합니다. 하물며 비즈니스를 새로 시작하는 창업 단계의 회사라면

더더욱 신상품은 물론이고 비즈니스 시스템 자체를 새로 만드는 것인 만큼 많은 준비가 필요합니다.

기존의 시스템에 새로운 상품을 적용하는 것과 처음부터 새로운 시스템을 만들어서 상품을 파는 것은 완전히 다른 과정입니다. 이미 있는 자동차 공장의 조립 라인에서 새로운 모델을 적용하는 작업과 아무것도 없는 허허벌판에 자동차 공장부터 새로 짓는 것은 근본부터가 다른 일입니다.

사업이란 회사가 고객에게 제공할 가치(Value)를 상품으로 패키징하고, 유통 채널을 통해 이를 전달하며, 돈이나 행동으로 가격을 받는 일련의 과정을 기획하고 운영 관리하는 일입니다. 그리고 이런 일이 체계적으로 돌아가게 하는 시스템을 말합니다. 시스템을 설계하고 나면 시운전을 해야 합니다. 상품만 테스트하는 게 아니라 전체 시스템의 가동 상황을 테스트해야 합니다.

이렇게 시스템 전체가 문제없이 돌아가고 막히거나 새는 것이 없는지 확인한 후, 인력과 자원을 투입하여 라인을 가동시킵니다.

전체 시스템을 설계하고, 세팅하고, 시운전하는 과정 없이 제품만 완성하고서 출시하는 것은 엄청난 시행착오를 자초하는 일입니다. 그래서 '출시'나 '론칭'이란 단어는 모든 창업 단계가 완료된 후에나 사용할 수 있는 단어입니다.

요즘은 대기업들도 대대적인 출시, 론칭 같은 건 잘하질 않습니다. 일단 1호점을 만들어서 해보고, 반응이 좋으면 다음 지점을 개설하고, 반응이 좋지 않으면 슬그머니 사업을 접어버립니다. 워낙 변화무쌍하고 변수가 많은 세상이어서 언제 어떻게 상황이 바뀔지 모르기 때문입니다.

수로로 따진다면, 댐의 수문을 확 여는 시기는 수로의 모든 공사가 끝난 다음입니다. 수로의 단계마다 막힌 곳이 없는지 확인을 한 이후입니다. 그러고 나서 댐의 수문을 여는 것도 한 번에 확 열어버리는 것이 아니라, 수로의 상황을 지켜보면서 수량을 조금씩 조금씩 늘려갑니다.

론칭이란 로켓 발사장이 완공된 후에나 할 수 있지, 로켓만 만들었다고 바로 발사할 수 있는 것은 아닙니다. 로켓 생산이 생산 시스템이라면 로켓 발사장은 마케팅(고객) 시스템에 해당합니다. 즉, 생산 시스템뿐만 아니라 마케팅 시스템, 그리고 수익 시스템까지 함께 완성되어야 발사가 가능합니다.

사업을 한다는 것은 상품을 만드는 것이 아니라, 비즈니스 시스템을 만드는 것입니다.

33

**급한 일로 단기 성과가 급하게 필요할 때도
시스템을 활용하여 전략적인 접근을 해야 한다.**

창업은 돈 버는 시스템을 만드는 것이고, 경영은 돈 버는 시스템을 잘 관리하고 운영하는 것입니다. 여기서 시스템이 중요한 이유는 안정적이고 지속적으로 성과를 얻을 수 있기 때문입니다.

하지만 살다 보면 꾸준한 성과도 중요하지만, 단기적인 성과가 필요한 때도 있습니다. 투자자를 설득하기 위해서라든지, 천재지변 등의 이유로 급한 자금이 필요하다든지, 시스템의 한 부분에 문제가 생겨 흐름이 갑자기 막힌다든지 하는 경우입니다.

이때 모아 놓은 여유 자금이 있다면 다행이지만, 그

게 아닌 경우라면 단기적인 매출이라도 만들어서 해결해야 합니다.

그런데, 자칫 과도하게 움직이거나 그동안과는 다른 운용을 하게 되면 애써 만들어놓은 시스템이 붕괴되는 일이 발생합니다. 일단 급한 불은 꺼야겠고, 닥치는 대로 이것저것 갖다 썼는데 비상사태가 끝나고 보니 시스템이 복구 불능 상태가 되어 버린 경우입니다.

그래서 평소에 이럴 때를 대비한 비상시 행동 매뉴얼을 준비하는 것이 필요합니다. 그러면 비상시 대응도 훨씬 더 효율적으로 할 수 있고, 상황 종료 후 복구도 쉬워집니다.

맨 먼저, 단기 성과를 만들어낼 수 있는 경우의 수를 한 번 정리해 보겠습니다. 비즈니스 시스템에서 단기적인 성과란 매출과 고객 수의 확대입니다.

먼저, 시스템 외부로부터 해결책을 얻는 방안입니다. 가짜 매출(선 매출, 가상 매출 등)을 만드는 경우와 가짜 고객(돈 주고 고객 사오기, 온라인 마케팅에서의 어뷰징)을 만드는 경우입니다. 가장 쉽게 떠오르는 방법이지만, 기본적으로 무리수를 두는 방법입니다. 그래서 자주 사용할 수도 없고, 부정한 방법이 많으므로 사용하지 않는 것이 좋습니다.

다음으로, 기존 시스템을 활용하여 해결책을 얻는 방안입니다. 가장 효율적이고 올바른 방법이라고 할 수 있습니다. 이미 구축된 자산을 활용하는 것이기도 하고 정당한 방법이기도 합니다.

시스템을 활용하여 단기적인 성과를 올리는 방법에는 세 가지가 있습니다. 하나씩 살펴보겠습니다.

1)각 단계의 파워 올리기:

각 단계에서 확보된 전환율은 자연스러운 흐름을 기반으로 만들어진 수치인데, 이 수치를 인위적으로 올리기 위한 작업을 말합니다. 일종의 터보 모터를 가동하는 방법입니다. 광고비를 늘려 기본 유입량을 증가시키는 방안(유입 단계), 영업 인력을 투입하여 맨투맨 설득으로 전환율을 높이는 방안(신청, 경험, 결정 단계), 직접적인 베네핏을 제공하는 일시적 프로모션 방안(유입, 신청, 경험, 결정 단계)이 있습니다.

2)전환 대상 풀 늘리기

각 단계에서 전환시킬 대상자를 늘리는 방법입니다. 유입 단계에서는 타겟 풀을 늘리는 것이 일반적인 방법인데, 새로운 타겟 풀을 확보하고 모집 공지 테스트도 해야 하므로 쉽지는 않지만 시도해볼 만한 방법입니다. 그리고 신청, 경험, 결정 각 단계에서 이탈한 고객들을 재공략해보는 방법이기도 합니다. 이때를 대비해 경험 풀이나 결정 풀과 같은 중간 저수지를 만들어 두고 관리해두면 좋습니다.

3)흐름 속도 올리기

각 단계에서 걸리는 시간을 단축시키는 방법입니다. 일반적인 상황에서는 단계마다 필요한 과정을 거쳐야 다음 단계에서 무리 없이 전환되고 이탈도 방지할 수 있지만, 단기적인 성과가 우선인 상황에서는 과정을 단축시켜서라도 급행 코스를 만드는 것이 필요합니다. 일종의 프로모션을 거는 것일 수도 있고, 인력을 투입하여 영업 방식으로 전환시키는 것일 수도 있습니다.

급하다고 해서 이것저것 닥치는 대로 하다 보면 인력과 돈은 많이 들어가는데 결과는 보잘것없는 경우가 있습니다. 급한 경우에도 전략적 사고를 통해서 대책을 세우고 집행하는 것이 중요합니다. 그러므로 현재 내가 가진 것을 잘 파악하여 어떻게 활용할 것인가를 찾는 것이 중요합니다.

비상 상황은 안 생기는 것이 가장 좋겠지만, 한두 번 생기고 말지는 않습니다. 그래서 비상 시스템은 평소에 잘 짜두는 것이 중요합니다.

그렇다고 비상 시스템이 기존 시스템을 해칠 정도가 되어서는 안 됩니다. 기존 단계는 보존하고, 비상 상품으로 별도의 루트를 만들어서 가동하는 것이 중요합니다. 그래야만 비상 상황이 끝난 후 원상 복구를 잘할 수 있습니다.

비상 상황에서 활용한 여러 아이디어 중 평시에도 활용해볼 수 있는 아이디어가 있다면 적극 반영해보는 것도 좋습니다. 비상 상황에서는 항상 새롭고 파격적인 아이디어가 나올 가능성이 더 커지니까요.

34

엔진이 고장인데 문짝을 고치고 있으면 안 된다.
시스템 어디가 문제인지 단계별로 확인하라.

마케팅에서 발생하는 문제 해결 방법에 대해서 얘기
해 보겠습니다. 예전에 CEO 코칭을 하던 중에 있었던
사례입니다.

구독 모델을 가진 비즈니스였는데, 구매 결정 단계
에서 전환율이 안 나오는 문제가 있었습니다. 자체적
으로 회의해본 결과 정기 결제에 대한 부담이 있다는
것으로 결론이 났습니다. 그래서 대안으로 단품 결제
방식을 테스트해 보기로 했습니다. 단품 결제가 가능
한 랜딩 페이지를 별도로 만들고 간단한 경험 단계를
거쳐 결제를 유도하는 방식으로 다시 테스트해보았습

니다. 그런데 그럼에도 의미 있는 데이터가 나오지 않았습니다.

저는 이 상황에서 문제가 발생한 단계와 해결책을 테스트한 단계가 제대로 매칭되지 않았다고 지적했습니다. 자동차로 따지면 엔진 결함이 있는데 문짝을 테스트한 셈이죠. 머리가 아픈데 종아리에 자꾸 파스만 붙이는 식의 해결책이었습니다. 이러면, 당연히 좋은 결과가 나올 수 없습니다.

고객의 구매 전환 흐름은 아래처럼 네 가지 단계로 이루어져 있습니다. 이 흐름은 앞에서 마케팅 시스템인 엔진 모델을 설명할 때도 미리 말씀드린 적 있습니다.

1)신청(방문) → 2)경험(체험) → 3)결정(구매) → 4)단골(사용)

앞의 사례를 다시 가져와 보면, 문제가 발견된 부분은 3번 결정 단계이므로 1번 신청이나 2번 경험 단계의 흐름은 그대로 내버려 둔 상태에서 3번 결정 단계인 구매 페이지에서 AB 테스트를 시행했어야 합니다.

　단품 구매 옵션을 넣은 구매 페이지 B 안을 별도로 만든 후 기존의 1, 2 단계를 지나온 고객들을 7:3이든 5:5로든 나눠서 흘려보내고, 기존 안(A)과 수정 안(B)의 구매 전환율을 비교해보면 무엇이 문제였는지 간단하게 확인할 수 있습니다. 그러니 1번 신청 단계에 해당하는 랜딩 페이지를 다시 만들 필요는 없었던 셈입니다.

　마케팅은 우리 몸과 같이 하나의 시스템입니다. 어떤 문제가 발생하면 병을 치료하는 의사처럼 진단과 처방의 순서를 따라야 합니다. 아래와 같은 순서로 체크해 나가면 좀 더 체계적으로 풀 수 있습니다.

　1)진단: 제일 먼저 어느 파트에서 생긴 문제인지를 찾는다. (신청 단계, 경험 단계, 결정 단계, 단골 단계)

　2)처방: 문제 파트가 확인이 되면, 해결할 수 있는 가설을 세우고 개선안을 만든다.

　3)치료:

　a. 해당 부분의 개선안으로 B안을 만든다.

　b. 해당 파트로 넘어오는 고객을 적당한 비율로 나눠

기존 안인 A안과 개선 안인 B안으로 보내 결과를 비교한다.

　c. 유의미한 결과가 나오고, 다음 단계와 그다음 단계에까지 특별한 영향을 끼치는 게 없다는 것이 확인되면, 결과가 좋은 안을 선택하여 유지하거나 교체한다.

　이처럼 마케팅 단계별로 고객이 전환되는 흐름을 보면서 문제가 발생하는 장소를 확인하고 해결하는 습관을 들이는 것이 중요합니다.

　마케팅은 시스템이란 것, 절대로 잊으시면 안 됩니다.

⑤

시스템 만들기

35

마케팅이란 저수지에서
우리 집 연못으로 연결되는 수로를
하나씩 만드는 것이다.

마케팅이란 잠재 고객이 있는 저수지에서 우리 집 연못으로 물이 계속 흘러들어올 수 있게 수로를 만드는 것과 같습니다. 마케팅을 시스템이라 부르는 이유가 이 때문입니다. 마케팅 모델이란 그 수로를 어떤 형태로 만들 것인가 결정하는 것입니다.

창업이란 수로를 설계하고 첫 삽질을 시작하는 것이며, 창업이 어느 정도 완료되었다는 것은 저수지에서 연못까지 수로가 연결된 때를 말합니다. 설계부터 시작해서 시운전을 거쳐 완성 단계까지, 여기까지를 좁은 의미의 '창업 단계'로 봅니다.

수로가 완성되었으면 본격적으로 물을 흘려보냅니다. 이때부터 전통적인 마케팅에서 사용하는 다양한 광고 기법이 활용될 수 있습니다. 이 시점부터를 '경영 단계'로 봅니다. 자동차로 치면, 자동차가 완성되었으니 운전을 할 수 있는 단계입니다.

이 단계에서는 저수지의 수량 즉, 고객 유입량을 늘리는 게 중요합니다. 유입량을 늘리는 방법은 펌프의 용량을 키우거나 다른 저수지를 추가하는 방법이 있습니다.

펌프 용량 키우기는 광고비를 올려 더 많은 사람에게 노출시키면 됩니다. 그리고 저수지를 추가하는 방법은 광고 매체를 더 늘리고 미디어 믹스를 효율적으로 하면 됩니다.

보통은 유입량을 빨리 늘리고 싶어서 매체 확대에 집중합니다. 하지만 회사의 역량에 따라 차근차근 풀어나가는 게 중요합니다. 무조건 빨대를 많이 꽂으면 된다고 생각하면 안 됩니다.

우선 값이 싼 저수지를 찾아야 하고, 찾아낸 저수지에 펌프를 설치하고 메인 수로까지 연결 상태를 확인해야 합니다. 그다음으로 해당 저수지의 성격을 파악하여 물이 어느 정도씩 흘러나오는지 적절한 수량도 파악해야 합니다.

이때, 새로운 저수지에서 물을 빨리 유입시키는 것이 급한 게 아니라, 새로운 저수지가 내 시스템에 제대로 안착하여 지속적으로 물을 공급해 주는 수원지의 역할을 할 수 있도록 세팅하는 것이 중요합니다.

이를 좀 더 자세히 설명하면 아래와 같습니다.

1)적절한 저수지 찾기(수질 파악)

- 내 상품에 적절한 고객을 공급해 줄 수 있는지
- 지속적으로 사용하는 단골 고객을 계속 제공해 줄 수 있는지
- 광고 비용은 기존의 매체보다 더 비싸진 않는지 여러 번 사이클을 돌려보며 확인합니다.

2)펌프 설치 및 메인 수로에까지 연결

- 해당 매체에 적합한 모집 공지를 찾아서
- 기존의 모집 공지에서 사용하던 메시지와 표현이

잘 먹히는지 광고 클릭률을 통해 확인하고
- 방문한 고객이 기존의 랜딩 페이지에서도 구매나 신청으로 잘 전환되는지 확인하고
- 경험 상품을 거쳐 단골 전환까지 문제가 없는지 한두 사이클을 더 돌리면서 확인합니다.

3) 저수지의 수량 파악
- 해당 매체의 현재 사용자가 어느 정도인지 파악하고
- 펌프 용량 즉, 광고비를 올려 노출을 증가시킬 때, 어느 정도 규모에서 광고비 증가에 따른 노출 증가 비율이 줄어드는지 찾아서 최적의 광고비와 정기 노출량을 확인하고
- 매체의 기존 사용자에게 다 노출된 이후라면, 지속적으로 매체에 새로 유입되는 사용자의 수가 어느 정도인지를 고려하여 정기 광고 비용을 적절하게 배정합니다.

이러한 과정을 거치게 되면 해당 저수지에서 우리 집

연못으로 이어지는 수로 시스템이 잘 안착 되면서 정기적으로 잠재 고객을 계속해서 공급해줄 수 있게 됩니다.

창업 단계에서 차근차근 수로 작업을 진행하다가도 경영 단계로 접어들어 신규 유입을 늘려야 하는 시점이 되면, 수로 시스템이라는 생각을 잊고서 매출이나 숫자에 현혹되어 시스템을 벗어나는 일을 벌이기 쉽습니다.

그때마다 시스템을 구축하며 운영하는 중이라는 걸 잊지 말고, 수로에 저수지를 하나씩 연결하는 작업을 한다고 생각하고 차근차근 해나가야 합니다.

36

저수지로부터 내려오는 물이 줄었다면,
새로운 저수지를 찾거나
펌프의 성능을 개선해야 한다.

이번 글에서는 신규 유입이 줄어드는 문제에 대해 한 번 정리해보겠습니다.

앞서, 우리는 마케팅 활동이란 저수지에 있는 물을 우리 집 연못으로 옮기는 과정이라고 얘기했습니다. 중요한 내용인 만큼 한 번 더 반복해 보겠습니다.

물을 옮기는 방법 중 물지게를 지고 열심히 움직이는 것은 '영업', 수로를 파서 물이 흐르게 하는 것은 '마케팅'입니다. 영업은 시간을 들여서 고객을 만드는 일이지만, 마케팅은 내 시간을 들이지 않고도 고객이 꾸준히 흘러들어오는 수로를 만드는 것입니다. (영업과 마케팅의 차이는 이 책 앞부분에서 상세하게 설명했습니다.)

신규 유입이 줄어들었다는 것은 매장이나 홈페이지 방문 고객의 감소를 말합니다. 이는 저수지로부터 유입되는 물의 양이 줄어들었다는 것을 뜻합니다.

저수지에서 나오는 물이 줄어드는 이유에는 여러 가지가 있습니다.

저수지에 고여 있던 물을 다 사용해 버리는 경우입니다. 흐르는 물로 비유하자면 퍼 쓰는 양보다 들어오는 물의 양이 줄어든 경우입니다. 예를 들면, 소규모 커뮤니티나 메일링 리스트의 고객들이 이탈하거나, 구매할 사람은 이미 다 구매한 경우, 또는 어떤 매체의 구독자 감소 등입니다. 시간이 지나면 어쩔 수 없이 일어나는 현상이므로 물의 양이 더 줄기 전에 다른 저수지를 추가로 발굴해야 합니다.

다음으로는 나 말고 다른 누군가가 물을 빼서 쓰는 경우입니다. 이는 새로운 사람(경쟁자)이 계속해서 등장하는 것을 말합니다. 예를 들면, 젠트리피케이션 현상과 같이 내가 있는 곳이 인기 지역이 되고 이곳으로 새로운 업자들이 계속해서 들어오는 경우입니다. 저수지

가 내 것이 아니기 때문에 어쩔 수 없는 현상입니다. 이
때는 양수기의 출력을 더 높여서 내 쪽으로 오는 물의
양을 늘려야 합니다. 출력을 높이는 일은 결국 광고비
를 올려 노출량을 높이는 것을 뜻합니다.

그 다음으로는 양수기가 낡아서 성능이 이전만 못 한
상황입니다. 이때는 모집 공지 소재를 좀 더 업그레이
드해 방문 전환율을 높이는 방법을 써야 합니다.

정리하면, 아래 세 가지로 요약됩니다.

1)새로운 타겟 풀을 추가한다.

2)노출 비용(광고비)를 올린다.

3)모집 공지(광고)를 업그레이드하여 전환율을 높인
  다.

2)번은 단기적으로는 사용할 수 있지만, 비용 대비
효율이 점점 낮아지기 때문에 지속 가능한 방법은 아닙
니다. 따라서 1)번과 3)번을 적절하게 활용하는 것이 좋
습니다.

만일 신규 고객이 줄어드는 문제가 발생했다면, 지

금 자신의 상황이 위의 여러 가지 원인 중 어디에 해당하는지 먼저 확인해보고, 그에 맞는 해결책을 선택해야 합니다.

중요한 점은 시스템 관점에서 자신의 마케팅 모델에서 문제가 발생하는 위치를 찾고, 거기에 맞는 해결책을 실행하는 것입니다.

37

창업 시 필요한 것은
홈페이지가 아니라
랜딩페이지다.

사업을 시작하면서 홈페이지부터 만드는 분들이 많습니다. 명함이 있어야 하듯 홈페이지도 당연히 있어야 하는 것으로 생각합니다. 그래서 예전에는 창업 지원 프로그램 중 빠지지 않고 들어가 있던 게 홈페이지 구축이었습니다.

하지만 그렇게 만든 홈페이지가 아무도 방문하지 않는 곳이 되고 그러다 버려지는 경우가 많습니다. 홈페이지가 버려지는 이유는 장사를 시작했는데, 가게는 안 만들고 살림집만 열심히 만들었기 때문이라 그렇습니다.

홈페이지는 문자 그대로 '집(Home)'입니다. 가족이 모여 사는 살림집은 주소를 아는 지인들이 찾아오는 곳입니다. 그러니 홈페이지를 만들어 놓으면 지인들만 몇 명 왔다 가고 그걸로 끝이 납니다.

장사를 시작했으면 고객이 들르기 쉬운 곳에 매장부터 열어야 합니다. 매장이란 지나가던 고객이 간판을 보고 들르는 곳입니다.

온라인의 경우 여기에 해당하는 것은 '랜딩 페이지'입니다. 모집 공지나 소개 글은 가게로 유인하기 위한 길거리의 간판이나 쇼윈도 역할을 합니다. 고객들은 온라인을 어슬렁거리다가 광고나 게시 글에 혹해서 매장인 랜딩 페이지로 들어옵니다.

랜딩 페이지는 복잡하면 안 되고 단순해야 합니다. 손님맞이와 접객을 할 수 있는 정보가 보기 좋게 배열되어야 하고, 언제든 원 클릭으로 주문할 수 있게 해두어야 합니다. 그래서 웹페이지는 숫자로 한두 장이면 충분합니다. 상품을 살펴보고 구매하는 기능만 있으면 되니까요.

요즘 중요성이 부각되고 있는 '상세 페이지'가 바로

이 랜딩 페이지에 해당합니다. 여기에는 회사 소개, 연혁, 기업의 미션, 비전, 조직도 이런 것들은 필요 없습니다.

그럼, 홈페이지는 언제부터 필요할까요? 홈페이지가 필요한 시기는 단골 고객들이 좀 생기고 난 후부터입니다.

홈페이지는 단골 고객들이 사는 공간, 생활하는 공간입니다. 단골들을 모으고 교류해야 할 장소인 단골 풀은 편의상 아래 세 가지 종류로 나누어 볼 수 있습니다.

1) 월세: 외부 커뮤니티 서비스 (카페, 밴드, 페이스북 그룹, 단톡방 등)

2) 전세: 홈페이지

3) 자가: 모바일 앱

요즘은 모바일이 대세인 만큼 궁극적으로는 모바일 앱이 되면 좋겠지만, 처음부터 앱을 만든다고 결정하면 사업 시작도 하기 전에 돈 다 쓰고 지치게 됩니다.

그래서 일단은 월세인 카페, 밴드부터 시작해서 단

골을 좀 더 모은 후 홈페이지를 만드는 게 좋습니다. 홈페이지 형태도 게시판, 마이페이지, 콘텐츠 페이지, 구매 페이지 등 단골들이 자주 와서 생활할 수 있는 메뉴면 충분합니다.

우리가 생각하는 홈페이지는 인터넷 초창기 때 각자 자기 집 짓기 놀이를 하던 그때의 유물입니다. 그때는 홈페이지가 명함, 카탈로그, 브로슈어 대용으로 쓰였습니다. 그래서 일종의 구경하는 집, 모델하우스 역할을 했습니다. 그래서 회사 소개나 상품 소개 중심의 홈페이지를 만들었습니다.

하지만 이제는 온라인에서 모든 것이 일어나는 디지로그(Digilog)의 시대입니다. (디지로그는 디지털과 아날로그가 융합되어 공존하는 것을 말합니다.) 당연히 홈페이지에 대한 개념도 이에 맞춰야 합니다. 특히 단골을 확보하는 팬덤 마케팅을 하는 경우라면 실제 생활하는 장소로서 홈페이지가 역할을 할 수 있어야 합니다.

정리하면 사업에 필요한 웹 사이트 종류는 크게 랜딩 페이지, 홈 페이지 이렇게 두 가지입니다.

랜딩 페이지는 오프라인 매장과 달리 위치가 어디

든 상관없습니다. 주문 신청만 할 수 있는 곳이면 됩니다. 구글폼이든, 스마트 스토어든, 자체 웹페이지이든 상관없습니다. 어차피 랜딩 페이지에 들어오는 고객은 주소를 보고 찾아오는 게 아니라 모집 공지를 보고 들어오는 것이니까요.

홈페이지는 그 이후 단골이 생기고, 돈 좀 벌고 나서 만들어도 충분합니다.

창업을 한 후 제일 먼저 만들어야 할 것은 무엇일까요? 그렇습니다. 처음 경험할 물건을 파는 게 우선입니다. 그러기 위해서는 홈페이지가 아니라 랜딩 페이지부터 만들어야 합니다.

우리가 사업에 대한 설계도 없이 일을 진행하다 보면 이런 일의 순서가 헷갈려 쓸데없는 일에 시간과 돈을 씁니다.

다시 한번 말씀드리지만, 처음부터 홈페이지 만든다고 진땀 뺄 필요가 없습니다.

38

광고는 고객의 시간을 빼앗지만, 맛보기는 고객의 경험을 더해준다.

마케팅 강의를 창업 교육 기관에서 수업을 담당하는 교수진을 대상으로 할 때가 종종 있습니다. 제일 어려운 것이 이처럼 직접 가르치는 분들을 대상으로 강의할 때입니다. 그래서 부담도 많이 됩니다. 하지만 열정과 경험이 많은 분들이라 오히려 제가 자극과 인사이트를 얻기도 합니다.

얼마 전에 받은 질문 중 하나가 "광고를 아예 안 할 수는 없는 것 아닌가?"입니다. 제 강의 슬로건 중 하나인 '돈 안 드는 마케팅'이란 표현 때문에 나온 질문인것 같았습니다.

사실 '돈 안 드는 마케팅'의 핵심 의미는 광고비에 의존하지 않는 것을 뜻합니다. '광고로 매출 올리기'라는 퍼널 모델은 매번 거래가 일어날 때마다 광고라는 행위를 해야 합니다. 그래서 거래 원가에 광고비가 늘 잡힐 수밖에 없습니다.

하지만 '상품으로 팬덤 만들기'라는 엔진 모델은 초기에 고객 유입을 위해 광고가 필요할 수도 있지만, 메인 상품인 단골 상품의 거래 원가에는 광고가 필요 없습니다.

또, 엔진 모델을 제대로 완성하여 페이스북처럼 소개나 공유로 확산되는 자가발전이 가능한 모델이 된다면 유입 비용 자체가 아예 발생하지 않을 수도 있습니다. 이것이 바로 '돈 안 드는 마케팅'의 기본 개념입니다.

돈 안 드는 마케팅 즉, 광고에 의존하지 않는 마케팅을 강조하는 이유는 고객과의 거래에서 발생하는 수익이 외부로 새어나가는 것을 막고 거래 당사자들에게 최대한 돌아가게 하자는 데에 있습니다.

광고로 빠져나가는 돈을 제품 개발이나 가격 인하에

들여서 더 좋은 상품을 지속적으로 공급하자는 것입니다. 그렇게 하면 회사와 고객은 서로 상생하고 동반 성장하는 선순환을 만들 수 있습니다.

그런 맥락에서 보면 광고를 해야 하는 경우라도 광고 대신 맛보기 상품을 체험하도록 하는 것이 더 나을 수 있습니다. 고객도 이때 얻어가는 것이 더 많습니다. 요즘 많이 사용되는 콘텐츠 마케팅도 이런 추세가 반영된 것이라 볼 수 있습니다.

재미 혹은 정보라는 가치를 넣으면 광고 보는 시간이 고객 입장에서 무의미한 시간이 되지 않습니다. 경험 상품을 구성할 때도 될 수 있으면 글이나 이미지를 이용한 단순한 설명보다는 '경험하는 상품' 자체로 고객에게 전달되도록 하는 것이 좋습니다.

마케팅 시스템의 각 단계에서도 신청 상품, 경험 상품, 결정 상품, 단골 상품처럼 일부러 '상품'이라고 덧붙이는 이유도 그 자체로 상품이 되게 하고자 하는 바람 때문입니다.

39

소개팅 잘해 봤자 연애 못하면 꽝이다.
광고 아무리 잘해도 맛보기가 좋아야 팔린다.

경험 상품에 대해 좀 더 정리해보겠습니다.

경험 상품이란, 단골을 만드는 4단계 '신청 → 경험
→ 결정 → 단골' 중에서 두 번째에 해당하는 상품입니
다. 경험 상품의 목적은 단골 전환입니다.

일종의 연애 단계에 필요한 상품입니다. 소개팅을
아무리 잘해도 연애를 못하면 결혼으로 골인하지 못하
는 것처럼, 광고를 아무리 잘해도 경험 상품이 부실하
면 고객을 확보하는 데 실패합니다.

경험 상품은 보통 결정 상품과 한 세트로 묶이는 경
향이 있습니다. 이것은 경험의 목적이 결국에는 결정

에 있고, 결정은 경험에 달려있다는 것을 뜻합니다.

그래서 경험 상품 안에는 전환 장치 즉, 재구매 장치가 반드시 들어갑니다. 구매 신청 스티커, 설문지 내 신청서, 데모 게임 이후 구매 팝업 등이 바로 이런 장치의 예입니다.

경험 상품은 인간관계의 3단계 '알기 → 사랑하기(믿음) → 하나되기' 중, 두 번째 단계인 사랑하기에 해당하기도 합니다. 그래서 이 단계에서는 고객의 믿음을 얻는 것이 무엇보다 중요합니다.

"아, 이 상품은 내가 평생 써도 되겠다, 믿을 만하니계속 구매해야겠다."

내구재라면 믿고 구매할 만하다, 소비재라면 또 사야겠다 이런 확신을 주는 단계입니다.

경험 상품은 고객을 창출하는 데 있어서 가장 중요한 역할을 합니다. 그래서 모든 에너지를 쏟아야 합니다. 고객이 환장하고 경악하도록 만들어야 합니다. 기대이상의 만족을 하도록 해야 합니다.

영화 판에는 '5분의 법칙'이 있다고 합니다. 극장의 불이 꺼진 후, 통상 5분 전후의 시간 동안 관객의 시선과 마음을 이끌어 내지 못하면 흥행에 실패한다는 이론입니다. 게임에서도 시작 5분 안에 이용자를 주저앉혀야 성공할 수 있다고 합니다. 이 5분이 바로 경험 상품에 해당합니다.

그럼, 어떻게 해야 고객이 확 넘어올까요?

단번에 그런 수준으로 만드는 것은 불가능하고, 끊임없이 개선하고 수정하면서 수준을 끌어올려야 합니다. 특히 창업 초기에 상품을 새롭게 세팅하는 과정에서는 매우 중요합니다. 경험 단계에서 확보된 고객의 피드백을 최대한 반영하면서 상품을 보완 개선해나가는 것이 중요합니다.

고객의 믿음을 얻기 위해서는 고수의 전략 즉, 나부터 고객을 먼저 믿는 것이 중요합니다.

믿음이란 고객을 있는 그대로 받아들이는 것입니다. 고객을 최대한 수용하여 받아들이고, 그 기반에서 내가 할 수 있는 최선을 다해서 상품(서비스)를 구현해 내는 것입니다.

그래서 짠! 하고 한 번에 만들어서 내놓는 것이 아니라, 경험 상품을 가지고 계속 테스트해 가면서 상품을 개선하는 과정을 시스템화하는 것이 중요합니다. 그래서 경험 상품을 담당하는 팀은 전환율을 높이기 위해 계속적인 개선을 체질화하는 것이 중요합니다.

제 경우를 빗대어 말씀드리면, 경험 상품에 해당하는 이론편 공개 강의를 거의 9년 동안 개선해왔고 강의 때마다 받는 질문을 계속 반영해 질문이 거의 사라질 정도가 되었습니다.

경험 상품부터 그렇게 개선해 나가고 개선 작업 패턴이 단골 상품까지 넘어갈 수 있다면, 전체 사이클 수준이 극도로 좋아질 수밖에 없습니다. 그래서 경험 상품은 단순히 결정 단계에만 필요한 것이 아니라 내 사업 전체 사이클을 업그레이드시키는 데에 중요한 출발점이 됩니다.

압도적인 제품이 되도록 끊임없는 노력을 하고, 그 노력이 체질화되는 시스템을 만드는 것이 중요합니다. 연애할 때처럼 결혼 생활이 유지될 수 있다면 정말 환상적인 결혼 생활이 되는 것처럼 말입니다.

40

고객의 결정을 이끌어 내려면
잘 짜인 경험 시나리오가 필요하다.

'신청 → 경험 → 결정 → 단골'의 4단계로 구성된 마케팅 엔진 시스템 중 경험 단계에 대해 조금만 더 정리해 보도록 하겠습니다. (여러 꼭지에서 다루는 만큼 경험 단계가 얼마나 중요한지 아시겠죠?)

마케팅 모델 설계를 거쳐 시운전을 마치고 마케팅 시스템이 일단 확인되면 이제는 각 단계의 효율을 높이는 작업을 해야 합니다.

제일 먼저는 신청 단계에 집중하여 CPC(클릭당 광고비)를 낮추거나 유지하면서 유입량을 늘리는 작업을 해야 합니다. 전통적인 마케팅은 대부분 여기에 집중합니다. 그래서 이미 시중에는 다양한 방법론과 스킬이 있고 관련된 정보도 많이 있습니다. 그중에서 적절하게 취사선택해 딱 필요한 것 중심으로 하나씩 세팅해 나가면 됩니다.

그 다음 단계인 경험 단계는 신청 단계에 비하면 아직은 정보가 많지 않아서 시행착오를 많이 할 수밖에 없습니다. 좀 더 자세히 설명드리겠습니다.

경험 단계는 '소개팅 → 연애 → 결혼식 → 결혼 생활'이라는 프로세스 안에서 연애에 해당된다고 앞에서 얘기했습니다. 연애 단계는 인간관계 3단계 '알기 → 사랑하기 → 하나되기' 중 두 번째 단계인 사랑하기 단계에 해당합니다. 이 단계에서 제일 중요한 덕목은 사랑, 즉 믿음입니다. 이때 중요한 변수가 신용도와 신뢰도입니다.

신용도란 인간적인 믿음을 말합니다. 나를 배신하지 않고 끝까지 챙겨줄 것이란 믿음, 장삿속으로 돈만 챙기고 떠나지 않을 것이란 믿음, 결혼하고 나서도 프로포즈 할 때처럼 나를 챙겨줄 거라는 믿음, 결제 후에도 나를 계속 지원해 줄 것이란 믿음, 이런 믿음을 주는 것이 중요합니다.

신뢰도란 능력에 대한 신뢰입니다. 모집 공지에서 약속했던 것들을 계속 제공할 수 있을 것 같은 신뢰, 행복하게 해주겠다고 약속했다면 정말 그 약속을 지킬 수 있는 능력, 그런 신뢰를 제공해야 합니다. 한마디로 가치(Value) 제공에 대한 신뢰입니다.

이처럼 연애에서는 믿음과 신뢰가 가장 중요합니다.

믿음과 신뢰를 높이는 방법은 보통 두 가지 접근법이 있습니다. 직접 경험과 간접 경험입니다.

직접 경험은 상품이나 서비스를 직접 경험해보는 것을 말합니다. 일종의 체험 키트나, 맛보기 상품 등이 여기에 해당합니다. 이런 상품들은 무료이거나 아주 저렴한 가격에 제공됩니다. 아직 믿음이 생기기 전이라 고객들이 가격 장벽을 쉽게 넘을 수 있도록 하기 위함입니다.

간접 경험은 직접적인 경험이 아니기 때문에 고객 입장에서는 끊임없이 불안하고 계속 의심이 들 수밖에 없습니다. 그래서 고객의 의심을 지우고 신뢰감을 주기 위한 다양한 방법들이 연구되고 있는데, 보통 '상세 페이지'가 여기에 해당합니다.

온라인에서는 글, 사진, 동영상 등을 활용하여 제품의 장점, 사용상의 혜택 등에 대한 설명과 앞선 구매자들의 후기나 인플루언서들의 후기 추천 등을 배열합니다. 오프라인에서는 접객을 위한 멘트, 잘 구성된 체험 코스, 전시나 인테리어, 매장 분위기 그리고 아파트 분양이라면 모델하우스, 상품 설명회, 프로젝트 수주를 위한 프레젠테이션 등이 일종의 상세 페이지 역할을 합니다.

경험 상품은 직접이든 간접이든 한 번에 구매까지 넘어갈 수 있도록 일회성으로 구성하는 것이 가장 일반적이고 바람직한 방법입니다. 그런데 일회성으로 해결이 안 되는 경우에는 일정한 기간을 두고 반복적으로 고객을 육성시키는 과정이 필요합니다.

경험 단계 후의 단골 상품 가격대가 상대적으로 높아 단계적으로 접근해야 하는 경우, 경험 후 바로 상품이 필요하지 않아 기다려야 하는 경우, 고객의 마인드 변화가 요구되는 경우가 그런 케이스들입니다.

이런 경우에는 고객이 한 번에 신뢰를 표하지 않기

때문에 반복적으로 고객과 접촉할 수 있는 장치가 필요합니다. 즉, 고객을 하나의 풀에 넣어두고 지속적이고 반복적으로 관리하고 육성시키는 작업이 필요합니다.

이 경우 단골 풀과 비슷한 경험 풀을 구성하는 방법이 있습니다. 뉴스레터 구독, 카페, 밴드, 단톡방 가입 후 콘텐츠나 상호 작용을 통한 관리 등이 여기에 해당합니다. 그리고 경험 단계의 상품을 단계적으로 마련하여 계속적인 경험을 누적하게끔 하는 방법도 있습니다.

마케팅 시스템의 각 단계는 상대적인 개념이므로 어떤 상품이 처음에는 단골 단계였다가 경험 단계로 바뀔 수도 있고, 그 반대일 수도 있습니다. 때로는 경험 단계가 신청 단계로 통합되기도 합니다.

예를 들면, 상세 페이지를 경험 단계로 하고 구매를 결정 단계로 볼 수도 있지만, 상세 페이지와 구매를 신청 단계로 하고 제품 구매 후 첫 번째 사용을 경험 단계로 설계할 수도 있습니다.

오늘 얘기를 정리하면 이렇습니다.

중요한 것은 간접이든 직접이든, 일회성이든 반복성

이든, 경험 시나리오를 통해 고객 경험의 전반적인 과
정을 통제하고 관리해야 한다는 것. 그리고 호감과 신
뢰를 얻어 고객이 가지게 되는 두려움을 없애 주는 것.
이 두 가지가 핵심입니다.

41

사업은
고객의 행동을 상상하고 연출해
한 편의 영화를 만드는 것이다.

사업을 하다 보면, 내 상품이 제일이란 생각이 많이 듭니다.

"이렇게 좋은 상품을 왜 안 살까?"

그래서 모집 공지에도 홈페이지에도 왜 내 상품을 사야 하고, 뭐가 좋고, 어떤 특성이 있고, 어떻게 사용하는 것인지 등 잔뜩 내 상품 얘기만 늘어놓는 경우가 있습니다.

하지만 가치 주도형 마케팅 시대(마케팅 3.0)에는 상품보다는 고객의 행동이 더 중요합니다. 설사 상품을 구매했다 하더라도 사용하지 않으면 그 가치를 경험할 수 없습니다. 따라서 고객의 행동 그 자체를 하나의 상품으로 인식하는 것이 필요합니다. 고객의 행동이 상품이고 우리가 제공하는 제품이나 서비스는 그 행동을 잘하도록 도와주는 장치, 아이템입니다.

고객의 행동을 상품이라고 인식하는 순간, 우리가 할 수 있는 일은 무척 다양해집니다. 제품은 물론이고, 고객의 행동을 유도할 수 있는 서비스적인 요소(혹은 부가 상품)들 모두가 우리가 만들고 제공해야 하는 일이 됩니다.

즉, 고객의 행동을 고민하고 고객의 행동을 상상하는 것이 중요합니다. 어떤 행동을 하도록 해야 고객이 원하는 가치를 얻고 만족할 것인가, 이것을 끊임없이 고민하는 것이 마케팅입니다. 그래서 상품을 고민하는 게 아니라 고객의 행동을 상상해야 합니다.

그런 점에서 마케터는 연출가이고, 사업가는 영화감독입니다. 고객이 내가 상상하는 연기를 할 수 있도록 시나리오를 작성하고, 무대와 현장을 꾸미고, 필요한 스텝을 준비시켜 멋진 연기를 할 수 있도록 연출하는 것이 사업가의 일입니다. 그래서 고객을 만나는 순간순간이 한 편의 영화를 연출하는 순간입니다. 그 순간에 고객이 만족하고 감동하도록 하는 것이 중요합니다.

마케팅에서 '고객 여정(Customer Journey)'이란 개념이 있습니다. 우리 회사와의 첫 만남부터 시작해서 상품을 경험하고 재구매를 하고 또 이런저런 콘텐츠 경험을 하고 단골이 되어가는 모든 과정, 이 과정을 말합니다.

하나의 대하드라마처럼 고객과 회사와의 평생에 걸친 만남과 관계의 발전을 상상하고 시나리오로 작성하고, 그러한 연출이 가능하도록 스텝들의 프로세스를 정리하고, 정리된 프로세스를 바탕으로 생산 시스템을 구축하고, 그래서 고객이 유입되는 순간 감독의 액션 사인이 떨어진 것처럼 회사의 모든 시스템이 일사불란하게 움직여 고객이 멋지고 감동적인 경험을 하도록 하는 것.

이러한 과정을 통제하는 시스템 중 제가 제안하는 것이 바로 SPA(Scenario, Process & Action) 시스템입니다. 단계별 고객 경험 시나리오를 먼저 정리하고, 그러한 시나리오대로 연기할 수 있도록 각 파트 담당자의 할 일을 정리합니다. 그런 다음, 프로세스대로 실행할 수 있는 팀을 배치하고 역할과 책임을 정하고 진행 상황을 관리합니다.

SPA 시스템에 따라 생산 시스템을 구축할 수도 있습니다. 영화로 따지면 감독의 자세한 연출 계획에 해당합니다.

단순히 제품 하나만 생각하는 것이 아니라 우리의 관심이 고객의 행동으로 옮아가고, 그것이 고객의 라이프 사이클로 돌아가면 정말 다양하고 입체적인 비즈니스를 할 수 있게 됩니다.

상품도 생각도 아니고 행동을 상상하는 것. 그것이 마케터가 해야 할 일이고 사업가가 해야 할 일입니다.

42

리마케팅은 헤어진 옛 애인에게
술 먹고 전화하는 격이다.
있을 때 잘하자.

페이스북에 올라온 한 페친의 글을 읽었습니다.

"구매 과정을 멈춘 고객의 마음을 돌리기 위한 쿠폰 이벤트가 실패했다. 왜 실패한 걸까?"라는 내용이었습니다. 저도 한번 생각해 보았습니다.

이런 케이스는 일종의 리마케팅의 실패라고 할 수 있습니다. 보통 리마케팅은 마케팅 시스템을 흐르다가 떠났거나 중지한 고객을 다시 돌아오게끔 하는 활동입니다.

요즘 퍼포먼스 마케팅(마케팅 시스템에 유입된 고객들이 단계별로 전환되는 과정의 데이터를 분석하고 개선하는 마케팅 프로세스)에서 이런 기법을 많이 사용하는데, 이미 성숙한 비즈니스이거나 대기업인 경우 자주 사용하는 방법이지만 초기 셋업 단계의 비즈니스나 작은 회사인 경우에는 바람직하지 않은 방법입니다. 왜 그런지는 마케팅의 본질인 '대화'와 '관계'를 생각해보면 간단히 알 수 있습니다.

팬덤이 목표인 마케팅 엔진 모델에서 마케팅의 역할은 고객을 단골로 만드는 과정입니다. 마치 연애를 한 다음 결혼으로 골인하는 과정과 같습니다. (여러 번 설명해 드렸죠? 이제는 머릿속에 콱 박혔을 겁니다.)

중간에 떠난 고객은 소개팅 후 애프터 신청에 실패했거나, 연애를 하다 헤어졌거나, 함께 살다 이혼한 전 배우자와 비슷합니다. 이미 헤어진 사람에게 자꾸 연락해서 다시 만나자고 하는 건, 참 찌질한 짓입니다. 상대가 무반응을 보이는게 정상입니다. 리마케팅이 따지고 보면 이런 상황입니다.

"그때 난 아직 준비가 안 된 시기여서 매력을 제대로 보여주지 못해서 어쩔 수 없었어. 하지만 이제는 그때와 많이 달라져 새로운 매력을 갖췄으니 다시 만나면 더 잘할 수 있어."

이렇게 말할 수도 있겠지만 사실 한번 헤어진 사람을 다시 돌아오게 하는 건 생각보다 어렵습니다. 꽤 많은 자원과 노력이 필요합니다. 돌아선 상대의 마음을 돌리는 게 새로운 사람에게 나의 매력을 어필하는 것보다 몇 배나 더 힘듭니다.

세상에 새로운 사람이 하나도 없고, 대부분 사람들과는 소개팅을 이미 다 해버렸다? 그렇다면 하는 수 없이 옛날 연락처를 뒤져야 하지만 작은 회사라면 아직은 소개팅 한번 해보지 않은 사람이 훨씬 많을 것입니다. 그러므로 떠난 고객에 미련을 갖지 말고, 지금 있는 고객에게 잘하는 게 중요합니다.

어떤 새로운 전략을 사용할 때 그리고 마케팅이 난관에 부딪혔을 때 마케팅의 본질인 '대화'와 '관계', 즉 연애에서 결혼으로 이어지는 프로세스를 생각해보세요.

그러면 쉽게 해결책을 찾을 수 있습니다.

43
단골 상품의 돌파구는 결국 멤버십이다.
일회성이나 구매 주기가 긴 상품도 마찬가지다.

팬덤 마케팅 전략을 사용하려면 단골 상품이 있어야 합니다. 헌데 업종에 따라서 단골 상품이 가능한 업종이 있고, 단골 상품 만들기가 어려운 업종이 있습니다.

마케팅 엔진 모델의 단계별 구조를 기반으로 보면 업종을 크게 네 가지로 구분할 수 있습니다. '제조업 vs 서비스업' 그리고 '단발형 vs 지속형' 이렇게 두 개의 기준으로 나누어 보겠습니다.

1) 단발형 제조업: 소비재(과자, 칫솔, 치약 등 생필품)
2) 지속형 제조업: 내구재(자동차, 가전제품 등)

3)단발형 서비스업: 생활 서비스업(식당, 미용실, 편의
점, 카페 등)

4)지속형 서비스업: 회원제 서비스(피트니스센터, 학교,
학원 등)

이 네 가지 사업군 중 팬덤 마케팅 전략이 이미 구현
되어 있는 사업군은 4)번 지속형 서비스업입니다. 지속
적인 속성을 가진 업종은 상대적으로 팬덤 마케팅 전략
을 쓰기 쉽습니다.

2)번 지속형 제조업의 경우에도 회사와의 연결만 끊
어졌지, 제품을 사용하는 한 계속 회사의 단골인 셈이
니 끊어진 연결을 이어줄 수 있는 방법만 찾으면 됩니
다. 이 경우 보통은 CS 즉, 고객 지원쪽에서 해답을 찾
을 수 있습니다. 유지, 보수, 관리 서비스 등의 형태로
보완이 가능한 방식입니다. 요즘은 IoT 기술을 활용하
여 제품과 회사와의 연결을 확보하려는 시도도 있습니
다(IoT 냉장고, IoT 보일러 등).

그런데 지속형이 아닌 단발형의 경우 이 작업이 좀
어렵습니다. 그렇지만 최근에는 3)번 단발형 서비스업

에서도 멤버십 제도를 활용하여 이 부분을 보완해나가고 있습니다(스타벅스 앱, 포인트 카드 등).

　문제는 1)번 단발형 제조업입니다. 이쪽에서는 주로 정기 배송을 활용한 구독 서비스가 활용되고 있는데 아이템에 따라 가능한 경우가 있고 안되는 경우가 있습니다. 특히 구매 주기가 불규칙하거나 구매 간격이 멀거나 하면 연결 만들기가 더 어렵습니다. 그동안은 다음 구매를 미리 예약하는 방식으로 이 부분을 해결해보려 하였는데 그것도 쉽지 않습니다.

　저는 여러 회사를 코칭하면서 이 문제를 해결할 수 있는 방법을 오랫동안 고민해 왔는데, 최근 그 방법을 찾았습니다. 바로 단골 풀로의 초대입니다. 즉, 단발형 제조업도 구매 예약을 받거나 재구매를 한정 없이 기다리기보다는 경험한 다음에 바로 단골 풀로 넘어올수 있도록 초대장을 보내는 방법입니다. 멤버십 가입을 유도하는 것이라 할 수 있습니다. 과자를 사 먹고 나서 만족하면 멤버십에 가입하도록 멤버십 신청서를 상품에 포함하는 것입니다.

　팬덤 마케팅이란 팬덤을 만드는 것이므로 단발형 상

품의 경우에는 첫 상품으로 경험하도록 하고 만족한 경우 멤버십 가입 결정을 하게 합니다. 그 경우 단골 상품은 멤버십 프로그램이 되고, 단발형 상품은 부가 상품이 됩니다.

예를 들어, 새우깡이라고 하면 경험 상품은 새우깡이 되고 단골 상품은 새우깡 멤버십 서비스나 프로그램이 됩니다. 멤버십 이후에 구매하는 새우깡 혹은 다른 스낵 상품들은 부가 상품이 됩니다. 여행 업종이라면 여행 패키지가 경험 상품이 되고 여행자 멤버십 프로그램이 단골 상품이 되는 거죠. 다음 여행 패키지는 부가 상품이 됩니다. 이런 식으로 멤버십 프로그램을 개발하는 것도 새로운 접근법이 될 수 있습니다.

멤버십 프로그램 만드는 건 많이 고민할 필요가 없습니다. 단골 풀 가입 즉, 단골 밴드/카페/홈페이지의 회원 가입부터 시작하면 됩니다.

일단 밴드 초대 문자를 보내서 고객이 가입하면 단골이라고 치고 시작하는 겁니다. 그리고 그 안에서 이런저런 활동을 하면서 단골 상품을 찾거나 만들어 나가면 됩니다. (단골 풀의 운영에 관해서는 이어지는 글에서 설명하겠습니다.)

다시 한번 말씀드리면, 팬덤 마케팅 전략에서 중요한 건 멤버십을 만드는 것입니다.

44

팬클럽에서 스타가 메인이듯,
팬덤 커뮤니티에선 상품이 메인이다.

팬덤 마케팅의 핵심은 팬클럽 만들기입니다. 마케팅 엔진을 만들 때, 단골 풀까지 만들어야 엔진 모델이 완성됩니다. 단골 풀이 만들어지지 않으면 사실, 퍼널 모델에서 멈추게 됩니다.

물론 사업의 상황에 따라 일단은 깔때기라도 작동이 되면 감사한 일이기도 합니다. 하지만 결국은 단골 풀까지 만들어야 제대로 된 마케팅 엔진이 완성되었다고 말할 수 있습니다.

그러나 많은 분들이 단골 풀 만들기를 주저합니다. 그 이유는 커뮤니티를 운영할 자신이 없기 때문입니다.

커뮤니티란 자발적으로 서로 교류하고 공감하고 협업하는 모임입니다. 그런데 어떻게 해야 자발성이 만들어지는지 잘 모릅니다.

그리고 커뮤니티가 가지고 있는 부작용도 신경이 많이 쓰입니다. 미꾸라지 한 마리가 들어와 물을 흐리기도 하고, 자칫 내가 원하지 않는 방향으로 흘러가버릴까 걱정도 되고, 어떻게 해야 서로 소통하고 활발하게 활동할 수 있을까 부담이 되기도 합니다.

그러나 이러한 대부분의 걱정은 커뮤니티 생성 단계에 대한 이해 부족에서 발생합니다.

우리는 보통 커뮤니티 최종 단계에 대해서만 생각합니다. 멤버 모두가 평등하고, 자발적으로 소통하고 공감하는 그런 커뮤니티를 상상합니다. 하지만 일반적으로 그런 커뮤니티는 이상적인 커뮤니티에 불과합니다. 현실 세계에서는 존재하기 어려운 커뮤니티입니다. 게다가 팬덤 커뮤니티는 그런 커뮤니티와는 성격이 또 다릅니다.

팬클럽이란 스타를 좋아하는 사람들이 모인 모임입

니다. 목적이 아주 뚜렷한 모임입니다. 지향하는 바도 뚜렷합니다. 팬이 아닌 사람은 들어와도 안 되고, 팬덤 활동 이외 다른 행동을 하는 사람은 바로 강퇴가 됩니다. 어떻게 보면 공평하고 평등하게 조직된 커뮤니티가 아니라, 한 명의 스타를 중심으로 한 폐쇄적인 커뮤니티입니다.

스타와 팬은 일종의 왕과 백성처럼 구분됩니다. 물론 백성이 있으므로 왕이 있고, 팬이 있으므로 스타가 존재하는 공존공생의 관계지만 각자의 영역은 뚜렷하게 구분됩니다.

우리가 만들어야 하는 단골 풀도 마찬가지입니다. 제품이나 서비스가 왕과 스타인 커뮤니티를 형성해야 합니다. 커뮤니티의 주제는 회사, 제품, 서비스 또는 핵심 가치를 벗어나서는 안 됩니다. 그 외 다른 이유로 참여한 사람이 있다면 당장 내보내야 합니다. 제품이나 서비스에 대한 관심은 없고 네트워킹만 하고자 하는 사람은 걸러내야 합니다.

이처럼 커뮤니티 초기에는 소위 '물 관리'가 중요합니다. 그래서 물을 흐리는 사람이 있다면 가차 없이 걸

러내야 합니다.

초기의 팬덤 커뮤니티는 민주적으로 운영되지 않고 독재적으로 운영됩니다. 비즈니스의 주인 즉, 오너가 확실히 존재합니다. 그리고 어느 정도 자리가 잡힌 후에야 오너와 참여자 사이의 협업과 교류를 기대할 수 있습니다.

단골 풀은 내 고객들만 따로 모아 별도의 관리를 하는 곳입니다. 그러니 이곳에서 뭘 해야 할지 너무 고민하지 않아도 됩니다. 그냥 내 얘기를 하면 됩니다. 내 상품과 내 서비스를 얘기하면 됩니다. 그게 듣기 싫은 사람은 나가는 게 정상입니다.

얘기할 주제는 이미 명확합니다. 그 안에서 소재를 찾고, 모인 고객들의 반응에 따라 하나씩 풀어가기만 하면 됩니다. 처음부터 자발적인 활동을 기대할 필요는 없습니다. 그저 내가 제공해 줄 수 있는 것을 주고, 그것을 통해 지속적인 소통이 일어날 수 있게 만드는 것이 중요합니다.

그 지점이 출발점입니다. 그래서 일단 밴드나 카페라도 만들어 초대해 놓고 고민해 보자고 말씀드리는 겁니다.

　팬클럽에서는 스타가 메인이듯, 팬덤 커뮤니티에서는 상품과 서비스가 메인이고 주제입니다. 이 점을 절대 잊지 말았으면 합니다.

⑥

조직 만들기

45

인재 채용,
소통과 자기 관리 능력
즉, 태도와 인성이면 충분하다.

마케팅 시스템, 즉 고객 시스템이 어느 정도 완성되면, 생산 시스템을 갖춰야 하는 시기가 옵니다. 생산 시스템을 만드는 방법은 크게 두 가지가 있습니다.

1)사람으로 시스템 만들기(조직화)
2)기술로 시스템 만들기(기계화, 컴퓨터화)

상황에 따라 이 두 가지 수단은 적절하게 잘 섞이는 게 중요 합니다. 그래서 때로는 사람이 메인이 되기도 하고, 기술이 메인이 되기도 합니다.

사람으로 시스템을 만들기 위해서는 어떤 사람을 채용하는지가 가장 중요합니다. 그래서 어떤 사람을 뽑아야 할지가 제일 중요한 일이 됩니다. 그런데 개발자, 디자이너 등의 기술직은 그나마 괜찮은데, 일반직은 어떤 사람을 뽑아야 할지 고민될 때가 많습니다.

2019년 삼성그룹 신입 사원 공채를 보니, 모집 공고가 아래처럼 되어 있습니다. (일반직, 기술직으로 분류한 것은 제가 임의로 분류한 것입니다.)

1) 일반직

- 경영·기획·전략: 사업 기획, 일반 기획, 전략 기획, 사업 조사·분석, 사업 제휴, 타당성 분석
- 마케팅: 제휴 마케팅, 온라인 마케팅, IMC
- 홍보·PR·전시·컨벤션: 국제회의, 세미나·포럼, 홍보
- 해외 영업 : 바이어 상담·관리, 무역 영업
- 무역 사무: 통관, 수출입 계약·관리
- 일반·법인 영업 : 법인 영업, 식품 영업, 상조 영업

2) 기술직 1

- 웹 프로그래밍 : CGI·Perl, HTML, DHTML, JAVA, EJB, .NET

- 응용 프로그래밍: C·C++, Delphi, PowerBuilder, JAVA, Visual Basic

3) 기술직 2

- 전자·반도체: DSP, 회로 설계, 공정 엔지니어, 오퍼레이터(Operator)

- 기계·금속·재료: 건설 기계, 사무용 기계, 금형

- 섬유·화학: 도료·잉크, 석유, 섬유, 의약품

일반직에 해당하는 직종은 대부분 고객 시스템, 즉 마케팅 시스템과 연관된 직종입니다. 그리고 기술직 중에서도 기술직 1로 분류한 웹프로그래밍, 응용프로그래밍은 고객 시스템과 관련된 기술입니다. 나머지 기술직 2는 각 계열사의 산업군과 관련된 기술입니다.

기술직은 관련 기술을 보유한 사람을 구하면 되니, 기준이 상대적으로 명확합니다. 그러나 일반직 기준은 다소 애매합니다. 제 기준으로 한번 살펴보겠습니다.

삼성 그룹은 전통적인 마케팅을 하는 조직이니 퍼널 모델을 채택했다고 보면, 마케팅 퍼널의 각 부분을 담당할 사람을 뽑는다고 볼 수 있습니다.

광고로 매출을 올리는 퍼널 시스템에서 광고 파트가 마케팅, 홍보, PR, 전시, 컨벤션 직군이고, 매출 파트는 해외 영업, 무역 사무, 일반 법인 영업 직군이 됩니다.

광고로 매출 올리기가 일종의 접시를 돌리는 일이라면 경영, 기획, 전략 직군은 모든 파트에서 접시를 받치고 있는 막대기(시스템 관리) 역할을 합니다. 만약, 팬덤 마케팅을 하는 회사라면 마케팅 엔진의 각 파트, 즉 신청 상품 파트(유입), 경험 상품 파트(체험), 결정 상품 파트(구매), 단골 상품 파트(사용)에 인력을 배치하는 게 기본입니다.

일반직 직종을 보면 특별한 전문성보다는 제너럴한 인력을 뽑는 것처럼 보입니다. 이들은 대부분 회사에 들어가서 전문성을 익히기 시작합니다. 그래서 일반직은 채용 기준이 좀 모호합니다.

일반직이 하는 일 대부분은 고객 시스템을 만들고,

운영하며, 개선하는 것입니다. 고객 시스템의 핵심은 소통과 관계 유지입니다. 고객이나 파트너, 내부 직원과 잘 소통하고 그들과의 관계를 잘 발전시키는 일입니다. 그리고 끊임없이 시스템을 개선하고 잘 운영하는 것이 핵심입니다. 그래서 이들에게는 시스템적 사고가 필요합니다.

시스템적 사고란 업무를 프로세스로 정리하고 체계화하는 능력을 말합니다. 그런데 처음부터 시스템적 사고 능력을 갖춘 사람은 많지 않습니다.

일반직에 필요한 핵심 역량의 첫 번째는 커뮤니케이션 능력입니다. 즉, 말귀를 잘 알아듣는 능력입니다. 두 번째는 자신을 잘 관리하고 통제할 수 있는 자기 관리 능력입니다. 시간 관리, 할 일 관리 등을 잘하는 사람이 회사 시스템도 잘 관리하고 운영할 수 있습니다.

회사란 기본적으로 창업가가 고객과의 관계를 만드는 시스템을 확장한 것입니다. 따라서 창업가를 대신해 고객과 소통하며 시스템을 만들고 운영하는 사람을 채용해 적재적소에 배치하는 것이 중요합니다.

어느 파트에 있든지 직원은 고객과 소통하는 사람입

니다. 그래서 태도가 가장 중요하고 기본적인 인성이 중요합니다. 이것은 곧, 소통 능력과 자기 관리 능력으로 나타납니다. 그 외의 부분은 회사에서 기술직이 아닌 이상 배우면 됩니다. 그래서 기본적인 역량이 중요합니다.

소통 능력과 자기 관리 능력, 이 두 가지를 갖춘 인력이 우리 회사의 방향성에 공감한다면 누구나 훌륭한 조직 구성원이 될 수 있습니다.

46

**직원에게 주인 의식을 줄 수 있는 방법은 없다.
알아서 하기를 기대하지 말고,
알아서 돌아가는 시스템을 만들어라.**

외식 경영 전문가 백종원 대표의 짤로 온라인에서 자주 보이는 게 있습니다.

"직원들에게 주인 의식을 줄 수 있는 방법이 있나요?"라는 질문에 백종원 대표가 단호하게 "없어요!"라고 대답하는 장면입니다.

저도 백종원 대표와 똑같이 생각합니다.

'주인 의식'이란 결국 오너십입니다. 주인이 가진 의식입니다. 말 그대로 주인이 되어야 가질 수 있는 의식이고, 설령 주인이 되었다 하더라도 어느 정도 훈련을 거친 다음에야 익힐 수 있습니다. 그렇기 때문에 주인이 아닌 직원에게 주인 의식을 기대하는 것은 어불성설입니다.

사장이 직원에게 주인 의식을 기대하는 이유는 사실 게을러서 그렇습니다. 자기가 편하려고 하는 거라 할 수 있습니다. 누군가가 나 같은 마인드만 갖고 있다면 내가 일일이 신경 안 써도 회사가 잘 돌아갈 것 같다고 생각하기 때문입니다.

실제로 오너십을 가진 직원이 한 회사에 사장 외에 한 명만 더 있어도 그 회사는 엄청난 역량을 가진 셈입니다. 하지만 오너십을 가진 직원이 단 한 명이라도 있다는 것은 기적에 가까운 일입니다. 그런 기적은 일생에 한 번 일어날까 말까 합니다. 따라서 그런 일은 없다, 이렇게 생각하는 것이 마음 편합니다.

오너십이 없는 직원들로 구성된 회사지만 사장이 일일이 신경 쓰지 않아도 잘 돌아가게 하려면 시스템을 만드는 방법밖에 없습니다. 시스템을 만들고 각각의 직원들 할 일을 명확히 하고, 필요한 프로세스와 매뉴얼을 만들어 회사가 돌아가도록 하면 됩니다.

제게서 CEO 코칭 수업을 받던 한 사장님이 그러시

더군요. "우리 직원들은 다 잘해요. 난 우리 직원들을 믿어요." 근데 나중에 그 사장님과 함께 일하는 다른 분으로부터 들은 얘기는 조금 달랐습니다. 그 사장님은 최근까지 어떤 한 직원 때문에 마음고생을 많이 했다고 합니다.

내 생각대로 잘 할 거라고 믿는 건 진정한 믿음이 아닙니다. 직원들이 주인 의식을 가지고 여기까지 해줄 거라 믿는 것도 믿음이 아닙니다. 진정한 믿음이란 상대방을 있는 그대로 받아들이는 것입니다. 좀 냉정하게 말해서 직원들은 주인 의식이 없는 게 정상이다, 라고 믿는 게 믿음입니다. 그럼 배신당하지 않습니다.

있는 그대로 받아들여야 대책을 세울 수 있습니다. 그리고 그렇게 생각해야 어떤 직원이 와도 일 할 수 있는 시스템을 갖출 수 있습니다. 그러다 기적적으로 주인 의식을 가진 직원을 만나게 되면, 엄청 감격하게 되고 고마워하게 됩니다.

제가 사업가에게 시스템적 사고를 요구하고, 시스템을 구축해야 한다고 말하는 이유는 이 때문입니다.

47

시스템이 있고
역할과 피드백이 명확하면
직원도 주인 의식이 생긴다.

직원이 주인 의식을 가지고 내 회사처럼 알아서 잘해 주길 기대하면 안 된다고 했습니다. 그렇다면 직원이 해야 할 일을 내가 일일이 다 정리해서 매번 알려줘야 하는 걸까요? 매뉴얼을 만든다면 어떻게 만들어야 하는 걸까요?

생각하면 할수록 막막한 일입니다. 이를 해결하기 위한 방법 중 하나는 시스템적 사고를 기반으로 자체 시스템을 구축하는 것입니다.

조직이 필요한 이유는 오너 혼자서는 더이상 감당이 안 되어 오너가 하던 일을 시스템에 맡기기 위함입니다. 즉, 오너의 시간을 쓰지 않아도 돌아가는 시스템을 만들기 위함입니다.

시스템을 제대로 설계하고 운영하려면, 시스템이란 개념을 제대로 알아야 합니다.

시스템이란 여러 모듈이 조립되어 하나의 조직을 구성하고 유기적으로 돌아가며 기능을 수행하는 것을 말합니다. 여기에서 직원은 각 모듈을 담당하며 해당 모듈이 제대로 작동할 수 있도록 하는 역할을 합니다.

경영이란 접시 돌리기와 같다는 얘기를 자주 합니다. 접시 돌리기엔 두 가지 도구가 필요합니다. 바로 접시와 막대기입니다.

이 두 가지를 가지고서 오너가 해야 할 일은 처음으로 접시를 막대기에 올려놓고 열심히 돌려 제 궤도에 오를 수 있도록 하는 일입니다. 자리를 잡아 안정적으로 돌게 한 다음부터는 계속 지켜보면서 불안할 때 한 번씩 더 돌려주는 것입니다.

조직에서 직원이 해야 할 역할은 '막대기'입니다. 막대기는 자기 접시가 떨어지지 않고 계속해서 돌도록 지지하는 역할을 합니다. 그러다 도는 것이 불안정해지면 안 떨어지도록 접시를 좀 더 돌리거나 오너에게 신호를 보내는 역할을 합니다. 막대기 역할을 하는 사람은 자기가 맡은 접시에 대해서 만큼은 오너십을 갖고 돌려야 합니다.

막대기에는 세 종류가 있습니다. 돌아가는 접시가 떨어지지 않도록 단순 모니터링만 하는 막대기, 스스로 자신의 접시를 더 돌려 떨어지지 않도록 할 수 있는 막대기, 그리고 처음부터 접시를 혼자서 돌리기 시작하는 궁극의 막대기. 처음부터 세 번째 막대기를 만나면 기적입니다.

이러한 시스템이 잘 돌아가려면 시스템 설계도를 전 직원이 함께 공유하고 그 내용에 공감할 수 있어야 합니다. 그리고 해당 설계도에서 각자의 역할이 분명해야 합니다. 또, 시스템의 운영 상황을 모니터링 할 수 있는 체계(각 단계별 지표 관리 시스템)가 있어야 합니다.

이같은 시스템이 구축되면 직원도 주인 의식, 오너십, 책임 의식을 갖게 됩니다. 돌려야 할 접시를 명확하게 정해주는 것이라 할 수 있습니다.

이런 개념을 가지고 조직을 하나하나 키워나가면 큰

조직이 되더라도 문제없이 운영하는 CEO가 될 수 있습니다.

48

고객 지원 부서의 역할은 단골 상품 개발이다. 지원 부서가 아니라 상품 개발팀이 되어야 한다.

마케팅 시스템이 구축되어 완성 단계에서 운영 단계로 넘어가게 되면 마케팅 시스템에 사람을 배정하거나 IT 기술을 활용해서 대량 처리가 가능한 준비를 해야 합니다. 이는 오너의 시간을 분리하는 작업입니다.

시스템 구축은 오너가 직접 하지만 시스템이 완성된 후 운영은 직원이 할 수 있어야 합니다. 이때 조직을 구성하거나 재정비를 하게 됩니다.

이단계에서 오너는 자신의 시간을 빼낼 수 있어야 합니다. 시간을 파는 단계에서 시스템을 돌리는 단계로의 전환입니다.

보통 우리가 알고 있는 조직은 기능적인 조직입니다. 관리팀, 생산팀, 기획팀, 영업팀, 마케팅팀, 고객 지원팀, 운영팀 이런 식입니다. 대부분은 상식적으로 알고 있는 모델이다보니 이렇게 조직을 짜게 되면 팀 구성이 간단합니다. 직원들도 전공, 전문 분야 중심으로 교육을 받아왔기 때문에 조직에 대한 이해도도 빠른 편이고요.

하지만 조직 모델이 비즈니스 모델과 매칭되지 않으면 그걸 연결하는 작업을 누군가는 계속해줘야 합니다. 이 때문에 KPI(Key Performance Indicator), OKR(Objectives & Key Results) 등과 같은 업무 성과 지표가 등장합니다. 이때부터 중간 관리자 롤이 생겨 조직 관리 업무를 담당하게 됩니다.

기존의 조직 모델은 전통적인 제조업 생산 모델을 따르고 있어 생산과 영업이 분리되어 있습니다. 다시 말해 생산 시스템과 고객 시스템이 분리되어 있습니다. 고객이 회사와 상호 작용하는 것이 아니라 상품과 상호 작용을 하므로 회사와 고객이 분리된 상태가 됩니다.

헌데 서비스의 비중이 점점 강화되는 지금은 고객이

서비스를 경험할 때 회사와 계속 상호 작용을 하게 됩니다. 그래서 생산 조직과 고객 조직이 붙어 있을 필요가 있습니다. 그래서 이에 맞는 적절한 조직 모델이 필요한데, 그 중 하나가 고객의 사이클에 맞춰 조직을 구성하는 것입니다.

마케팅 엔진 모델의 '신청 → 경험 → 결정 → 단골'의 고객 사이클을 그대로 가져와서 조직을 구성하게 되면 아래와 같습니다. (결정 단계는 경험 단계 안으로 포함시켰습니다.)

1)신청 상품 조직: 공지 및 타겟풀 포함
→ 광고, 홍보, 마케팅 커뮤니케이션 관련 인력
2)경험 상품 조직: 결정 상품 포함
→ 영업 관련 인력
3)단골 상품 조직: 단골 풀 포함
→ 고객 지원, CS 커뮤니케이션 관련 인력

이 같은 구성은 제가 조직 관련 코칭을 할 때 가장 많이 제안하는 방식입니다.

신청 상품 조직과 경험 상품 조직은 사실, 전통적인 매출 중심의 마케팅 퍼널 모델에 해당하기 때문에 매칭되는 조직의 기능들이 이미 존재합니다. 헌데, 단골 상품 조직의 경우에는 매칭되는 부서가 딱히 없어서 좀 애매하다고 생각할 수 있는데, 고객 지원 부서의 역할이 여기에 가장 가깝습니다.

　즉, 고객 지원 인력이 단골 상품 파트로 배정된다는 것은 단순히 고객 불만을 해결하는 업무만 하는 것이 아니라 단골 고객이 상품이나 서비스를 더 자주 사용하도록 유지율을 올리는 것을 목표로 한다는 뜻이 됩니다. 나아가 상품이나 서비스를 개발하는 주체가 되어야 한다는 것을 의미합니다. 다시 말하면, 상품 개발팀의 역할을 하는 것이라 할 수 있습니다.

　이렇게 조직을 구성하게 되면 조직의 존재 목표 자체를 명확히 할 수 있으므로 조직 관리를 일일이 타이트하게 하지 않아도 시스템적으로 잘 돌아가게 됩니다.

49

비즈니스는 관계를 발전시키는 시스템이다.
고객과의 관계는 마케팅,
직원과의 관계는 조직 문화다.

시스템이 어느 정도 완료되는 창업 단계를 지나고 나면 고객 시스템(마케팅 모델)이 정상적으로 돌아가고, 수익 시스템(수익 모델)도 확인되고, 부문별 직원 배치도 완료되어 생산 시스템까지 안정이 됩니다.

회사는 이제 스스로 돌아가기 시작합니다. 이쯤 되면 창업가는 CEO가 되어 자신의 역할에 대해 다시 고민하게 됩니다.

그동안은 시스템 구축에 집중하고 선두에서 직접 지휘를 했지만, 이제는 업무가 위임되어 직원들 스스로 자신의 역할을 다하고 있기 때문에 이전처럼 앞장설 일은 점점 줄어들게 됩니다. 이때부터 관심을 가져야 하는 것이 조직 관리입니다.

비즈니스는 관계를 만들어가는 과정이라고 했습니다. 그래서 고객과의 관계를 관리하는 것이 마케팅 시스템이고, 직원과의 관계를 관리하는 것이 조직 문화가 됩니다.

CEO가 되면 이제 직원과의 관계도 적극적으로 챙겨야 합니다. 그래서 오너와 직원과의 관계 수준을 높이고 유지할 수 있는 시스템이 필요합니다.

인간 관계 3단계(알기, 사랑하기, 하나되기)를 기준으로 오너와 직원과의 관계 개선 방법을 알아보겠습니다.

1)친밀도와 이해도(알기)

- 직원 한 명 한 명과 친밀감이 골고루 높은가?

- 직원 개개인을 얼마나 잘 알고 있는가?

2)신용도와 신뢰도(사랑하기)

- 직원의 인간적인 한계를 잘 알고 수용할 준비가 되어 있는가?

- 직원의 능력 한계를 잘 알고 수용할 역량이 되는가?

3) 공감도와 협업도(하나되기)

- 요즘 직원의 기분과 감정을 잘 알고 함께 느끼고 있는가?
- 직원 각자가 자신의 업무를 잘할 수 있도록 지원하고 있는가?

이런 체크리스트를 가지고 직원에 대한 내 관계 수준을 확인하고 관계 점수를 높여 나가는 노력이 중요합니다.

직원 수가 많아질수록 CEO의 관계 점수가 골고루 높아지기 어렵고, 밸런스를 유지하기도 쉽지 않습니다. 그럴 때는 취약층부터 찾아서 거기서부터 관계 점수를 쌓아야 합니다.

취약 계층이란 신입 사원이나 제일 아래 직급의 직원, 소외된 직원 등을 말합니다. 업무로는 직접적인 접촉이 없는 직원들입니다. 이들을 정기적으로 만나는 시간을 갖는 것이 필요합니다.

관계에 집중하고 수용해야 한다고 해서 누구와도 좋은 관계를 유지해야 하는 것은 아닙니다. 기본이 안 되

는 직원, 회사가 수용할 수 있는 역량을 넘어서는 직원
은 끊임없이 솎아내는 작업을 해야 합니다.

여기서 말하는 기본이란 아래와 같습니다.

1) 업무에 요구되는 최소한의 기본 역량: 마케터, 개
   발자, 디자이너 등의 기본 스킬
2) 기본적인 인성과 태도: 성실, 정직, 배려 등 회사에
   서 중요하게 생각하는 덕목, 소통과 자기 관리 능
   력
3) 함께 일하고자 하는 의지

이 수준은 회사의 역량에 따라 달라집니다. 어떤 직
원과 함께할 수 없다고 결정을 해야 할 때, 사실은 그 직
원의 역량이 문제라기보다는 그 직원의 현재 역량이나
수준을 회사가 수용할 수 있는 능력이 부족해서, 라고
보는 것이 보다 정확합니다.

회사가 시간이나 자금, 인력에 여유가 있다면 기본
에 대한 기준이 유연해지지만, 그런 여유가 없을 때는
기준이 타이트해질 수밖에 없습니다.

회사의 지속 가능성은 무엇보다 우선적으로 지켜야 할 가치입니다. 따라서 오너가 직원들에게 더 포용적이 되고 싶고, 더 좋은 사람이 되고 싶다면 회사의 역량을 키워야 합니다.

이렇게 조직 관리에 대한 감을 키우고, 직원과의 관계 점수를 높여, 주요 활동의 프로세스를 정리하고 정례화하여 하나의 시스템으로 만드는 것이 중요합니다.

조직 문화란 '분위기'를 뜻하는 말이 아니라 정례화된 활동들이 모여서 생성되는 직원 관리 시스템의 결과물이어야 합니다. 저는 이를 '직원 팬덤 시스템'이라고 부릅니다.

비즈니스는 이해 관계자와 관계를 발전시키는 시스템이라고 할 수 있습니다. 처음에는 고객과의 관계를 발전시키고, 그다음에는 직원과의 관계를 발전시키는 것입니다. 그런 다음, 이해 관계자의 폭을 조금씩 늘려가면 됩니다.

회사의 역량에 따라 투자자가 있다면 투자자와의 관계, 이웃인 지역 사회와의 관계 또 시장의 범위에 따라 국가, 세상, 자연 등으로 점점 더 범위가 넓어져야 합니다.

요즘 ESG(환경·사회·지배구조)에 대한 중요성이 커지는 이유도 기업이 거기에까지 신경 써야 하는 단계에 왔기 때문입니다.

관계를 발전시키고 시스템화하는 것, 그것이 비즈니스의 기본 메커니즘입니다.

50

사업 정체기를 벗어나려면 구조를 바꿔야 한다. 루틴한 업무는 맡기고 내 시간을 빼야 한다.

요즘 제가 코칭하는 대상은 크게 두 부류입니다. 스타트업과 같은 소기업 그리고 1인 기업가입니다.

이들과는 대부분 창업기에 인연을 맺고 거의 사업 초기를 함께 하다시피 합니다.

그렇게 창업을 하고 3년 차쯤 접어들게 되면 대부분은 안정기에 접어듭니다. 시스템이 어느 정도 안착이 되었다는 뜻입니다. 그런 다음에는 크게 두 가지 방향으로 사업이 다시 전개됩니다. 성장을 계속해 나가거나 정체기에 빠지거나.

1인 기업의 경우 성장보다는 정체기에 빠지는 경우

가 좀 더 많습니다. 정체기에 빠진다는 것은 어느 정도 먹고 살만해졌다는 걸 뜻하므로 반가운 소식이기도 하지만 일종의 슬럼프에 빠진 것이기도 합니다. 심하게는 한두 달이 아니라 한두 해를 헤매는 경우도 있습니다.

비즈니스 성장의 원동력은 사람입니다. 사람의 성장 속도와 비즈니스 시스템의 성장 속도는 많이 다릅니다. 성인이 된 사람의 성장 속도는 완만하므로 개인의 역량이 그리 빨리 커지지 않습니다. 하지만 어린아이의 성장 속도는 굉장히 빠릅니다.

초기 창업기의 성장 속도는 어린아이와 같습니다. 이때는 창업가와 창업 멤버가 비즈니스를 끌어올립니다. 비즈니스의 수준보다 창업 멤버의 수준이 높기 때문입니다.

하지만 어느 정도 시간이 지나고 나면 창업 멤버의 수준만큼 비즈니스가 성장하게 되고, 그 시기가 되면 성장 속도는 느려집니다.

이때 더 높은 수준을 가진 사람이 투입되지 않으면 성장이 멈추게 됩니다. 다행히 그런 사람이 투입되면 그힘으로 비즈니스는 다시 성장해 나갑니다.

그리고 이때부터는 비즈니스 시스템이 초기 창업 멤버의 수준을 끌어올립니다. 하지만 창업 멤버가 그 수준에 부응하지 못하면 도리어 창업 멤버가 비즈니스의 성장을 끌어내리는 일이 발생합니다.

창업 이후 안정권에 들어가는 데 필요한 시간이 얼마인지 여기저기 물어본 적이 있습니다. 그때 내린 결론은 한 3년 정도가 지나면 사업이 안정권에 들어온다는 것이었습니다.

식당도 3년 정도 지나야 자리를 잡고, 스타트업도 3년 정도를 버티면 방향이 보이기 시작합니다. 무리하게 조직을 늘리지 않는다면 이때가 손익분기점에 도달하는 시기이기도 합니다. 상황에 따라 기간의 차이가 있지만, 이즈음이 창업이 완성되는 시기이며 성장기로 전환되는 시기입니다.

이때를 잘 넘겨야 합니다. 이때를 넘기지 못하면 정체기, 일종의 캐즘(협곡)에 빠지게 됩니다. 그래서 3년이 되는 시점에 변화가 필요합니다. 창업에서 경영으로의 패러다임의 변화가 요구됩니다.

창업기에는 시행착오를 거듭하며 길을 찾는 작업이 핵심이었다면, 성장기에는 기존에 구축된 시스템을 안정적으로 운영하면서 꾸준한 개선을 추구해야 하는 시기입니다. 그래서 이에 맞는 사업 구조로 전환해야 합니다.

만약, 기존 멤버들이 그동안 해오던 방식을 쉽게 바꾸지 못한다면 새로운 멤버가 필요한 때가 된 것입니다. 이때 주도 세력이 바뀔 수 있습니다. 새로운 인재가 영입되고, 그동안 회사를 이끌었던 창업 멤버는 잠시 뒤로 물러나는 등 세대교체가 일어나기도 합니다.

1인 기업도 마찬가지입니다. 오너의 역량만큼 사업이 성장하면, 그 다음으로는 사업을 한단계 높게 끌어올리기 위한 새로운 원동력이 필요합니다.

1인 기업은 혼자이기 때문에 주도 세력 스스로를 바꿀 수 없으므로 구조 즉, 시스템을 바꾸어야 합니다. 그런데 이게 생각보다 쉽지가 않습니다. 완전히 새로운 창업을 하는 것 같아 엄두가 나질 않습니다. 대부분의 1인 기업이 이 산을 넘지 못하고 방황을 합니다. 저도 2~3년 동안은 이 산을 넘지 못하고 정체된 적이 있습니다.

변화를 위한 방법 중 하나는 교두보를 만드는 것입니다. 교두보를 만든다는 것은 작은 틈새를 만드는 것을 의미합니다. 작은 틈새를 만들면 그 틈새로 인해 변화가 시작될 수 있습니다.

제가 선택한 방법은 장기 알바를 채용하여 루틴한 업무를 맡기는 것이었습니다. 루틴한 업무를 맡기게 되면 사람을 활용하는 습관이 생기고, 변화를 시도할 수 있는 여지가 생깁니다.

예를 들어, 주 5시간 정도의 루틴한 업무가 있습니다. 마케팅 시스템을 돌리는데 필수적인 모집 공지를 반복하는 업무입니다. 이런 업무를 장기 알바를 통해 맡길 수 있습니다. 통상 신규 고객을 유치하는 신청 상품 단계에 루틴한 업무가 많으므로 신청 단계를 중심으로 각종 거래 데이터를 입력하는 등의 단순 반복 업무를 맡길 수도 있습니다.

직접 하는 것보다 더 번거롭고 시간도 많이 걸리겠지만, 일단 세팅이 되고 나면 그동안 들어갔던 내 시간을 빼서 다음 단계를 준비할 수 있습니다.

사업 정체의 원인은 노력이 부족한 게 아니라 구조적인 문제인 경우가 많습니다. 이때는 구조를 바꿔서 해결해야 합니다. 특히 3년 차 슬럼프는 아주 당연하고 일반적인 현상입니다.

　환경을 바꾸고 나를 바꿔야 정체기를 벗어날 수 있습니다. 스스로를 탓하기 이전에 스스로를 바꿀 수 있는 방법을 찾아야 합니다.

　작은 변화를 시도하여 다음 차원으로 도약하는 것, 바로 사업 정체기에 해야 하는 일입니다.

부록

비즈니스 모델 세 가지 요소

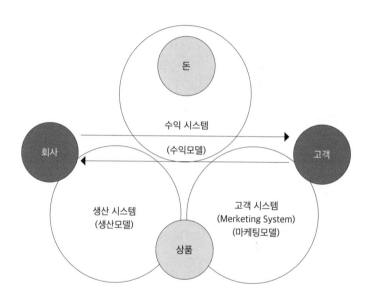

마케팅 트렌드

	Marketing 1.0 Product-centric Marketing	Marketing 2.0 Customer-oriented Marketing	Marketing 3.0 Values-driven Marketing
목표	**제품** 판매	**고객 만족** 및 유지	더 나은 세상 만들기
동인	산업혁명	정보기술	**뉴웨이브 기술**
시장을 보는 기업의 관점	Mass Buyers with **Physical Needs**	Smarter Consumer with **Mind and Heart**	**Whole Human** with Mind, Heart, and Spirit
핵심 마케팅 컨셉	제품 개발	차별화	**가치**
기업 마케팅 가이드라인	제품 스펙	기업과 제품의 포지셔닝	기업의 미션과 비전, 가치
가치 제안	**Functional**	**Functional and Emotional**	**Functional, Emotional, and Spiritual**
소비자와의 상호작용	일대다 거래	일대일 관계	다대다 **협업**

Source: Marketing 3.0 by Philip Kotler

마케팅 엔진 모델 4단계

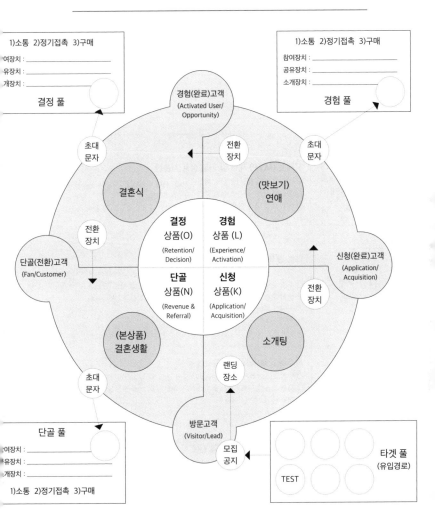

1)소통 2)정기접촉 3)구매

참여장치 : _____
공유장치 : _____
소개장치 : _____

결정 풀

1)소통 2)정기접촉 3)구매

참여장치 : _____
공유장치 : _____
소개장치 : _____

경험 풀

경험(완료)고객
(Activated User/
Opportunity)

초대
문자

전환
장치

초대
문자

결혼식

(맛보기)
연애

결정
상품(O)
(Retention/
Decision)

경험
상품 (L)
(Experience/
Activation)

단골
상품(N)
(Revenue &
Referral)

신청
상품(K)
(Application/
Acquisition)

전환
장치

단골(전환)고객
(Fan/Customer)

신청(완료)고객
(Application/
Acquisition)

전환
장치

(본상품)
결혼생활

소개팅

초대
문자

랜딩
장소

방문고객
(Visitor/Lead)

모집
공지

단골 풀

참여장치 : _____
공유장치 : _____
소개장치 : _____

1)소통 2)정기접촉 3)구매

타겟 풀
(유입경로)

TEST

창업 단계별 로드맵과 체크리스트
[KLON Marketing Roadmap Chart (v 3.62)]

Level 1. 설계단계 (1일)

마케팅 시스템 (비즈니스 모델) 설계
- ☐ 하고 싶은 일 찾기 (필요시)
- ☐ 마케팅 모델 설계

Level 2. 시운전3단계 (1~3개월)

시제품 (MVP) 제작 및 퍼널 상품 시운전
- ☐ ①모집 공지 세팅 -> 클릭 확인
- ☐ ②신청 상품 세팅 -> 신청 확인
- ☐ ③경험 및 결정 상품 (시제품) 세팅
  → 재신청 확인
- ☐ MMC* 지표 입력 (광고비, 노출, 클릭, 신청자 수)
- ☐ CRM* 입력
- ☐ 기존 데이터 업로드 및 분석 (필요시)

Level 3. 완성단계 (1~6개월)

단골 상품 시운전 및 시스템 확인
- ☐ 단계별 전환율 확인
- ☐ 수익 모델 확인
- ☐ 생산 모델 확인 (SPA* 시스템 설계)
  → 양산 준비
- ☐ 단골상품 세팅 (반복구매 확인)
- ☐ 단골풀 세팅 (밴드 > HP > App)
- ☐ 목표설정 / 사업계획

Level 4. 운영단계

시스템 운영 (단골손익분기점 달성)
- ☐ 유입고객 늘리기 (노출, 타겟풀, MMC 지표 개선)
- ☐ 생산 시스템 구축 (SPA* : 조직 / DT*) → 양산
- ☐ 직원 팬덤 시스템 구축
- ☐ 단골손익분기점 (FBEP) 달성
- ☐ 단골풀 활성화 1 (참여: 소통/정기접촉/구매)
- ☐ 단골풀 활성화 2 (공유/소개)

Level 5. 확산단계

시장 다각화 및 전국/해외 진출
- ☐ 부가상품 추가
- ☐ 타겟시장 추가 및 진출
- ☐ 이해관계자 팬덤 시스템 구축
  (협력사/투자자/인플루언서/공공 등)
- ☐ 경험풀 세팅 (필요시)
- ☐ 스케일업
- ☐ 단골고객 업그레이드 전략

* MMC : Marketing Model Canvas | CRM : Customer Rerationship Management
  SPA : Scenario, Process, Action | DT : Digital Tranformation